中国社会科学院国情调研特大项目"精准扶贫精准脱贫百村调研"

精准扶贫精准脱贫百村调研丛书
CASE STUDIES OF TARGETED POVERTY REDUCTION AND
ALLEVIATION IN 100 VILLAGES

李培林／主编

精准扶贫精准脱贫
百村调研·河源村卷

全民参与助力精准扶贫

罗 静／著

社会科学文献出版社
SOCIAL SCIENCES ACADEMIC PRESS (CHINA)

"精准扶贫精准脱贫百村调研丛书"
编委会

主　编：李培林

副主编：马　援　魏后凯　陈光金

成　员：（按姓氏笔画排序）

　　　　王子豪　王延中　李　平　张　平　张　翼

　　　　张车伟　荆林波　谢寿光　潘家华

中国社会科学院国情调研特大项目
"精准扶贫精准脱贫百村调研"
项目协调办公室

主　任：王子豪
成　员：檀学文　刁鹏飞　闫　珺　田　甜　曲海燕

总　序

调查研究是党的优良传统和作风。在党中央领导下，中国社会科学院一贯秉持理论联系实际的学风，并具有开展国情调研的深厚传统。1988年，中国社会科学院与全国社会科学界一起开展了百县市经济社会调查，并被列为"七五"和"八五"国家哲学社会科学重点课题，出版了《中国国情丛书——百县市经济社会调查》。1998年，国情调研视野从中观走向微观，由国家社科基金批准百村经济社会调查"九五"重点项目，出版了《中国国情丛书——百村经济社会调查》。2006年，中国社会科学院全面启动国情调研工作，先后组织实施了1000余项国情调研项目，与地方合作设立院级国情调研基地12个、所级国情调研基地59个。国情调研很好地践行了理论联系实际、实践是检验真理的唯一标准的马克思主义认识论和学风，为发挥中国社会科学院思想库和智囊团作用做出了重要贡献。

党的十八大以来，在全面建成小康社会目标指引下，中央提出了到2020年实现我国现行标准下农村贫困人口脱贫、贫困县全部"摘帽"、解决区域性整体贫困的脱贫攻坚目标。中国的减贫成就举世瞩目，如此宏大的脱贫目标世所罕见。到2020年实现全面精准脱贫是党的十九大提出的三大攻坚战之一，是重大的社会目标和政治任务，中国的贫困地区在此期间也将发生翻天覆地的变化，而变化的过程注定不会一帆风顺或云淡风轻。记录这个伟大的过程，总结解决这个世界性难题的经验，为完成这个攻坚战献计献策，是社会科学工作者应有的责任担当。

2016年，中国社会科学院根据中央做出的"打赢脱贫攻坚战"战略部署，决定设立"精准扶贫精准脱贫百村调研"国情调研特大项目，集中优势人力、物力，以精准扶贫为主题，集中两年时间，开展贫困村百村调研。"精准扶贫精准脱贫百村调研"是中国社会科学院国情调研重大工程，有统一的样本村选择标准和广泛的地域分布，有明确的调研目标和统一的调研进度安排。调研的104个样本村，西部、中部和东部地区的比例分别为57%、27%和16%，对民族地区、边境地区、片区、深度贫困地区都有专门的考虑，有望对全国贫困村有基本的代表性，对当前中国农村贫困状况和减贫、发展状况有一个横断面式的全景展示。

在以习近平同志为核心的党中央坚强领导下，党的十八大以来的中国特色社会主义实践引导中国进入中国特色社会主义新时代，我国经济社会格局正在发生深刻变化，脱贫攻坚行动顺利推进，每年实现贫困人口脱贫1000多万人，贫困人口从2012年的9899万人减少到2017年的3046万人，在较短时间内实现了贫困村面貌的巨大改观。中国社会科学院组建了一百支调研团队，动员了不少于500名科研人员的调研队伍，付出了不少于3000个工作日，用脚步、笔尖和镜头记录了百余个贫困村在近年来发生的巨大变化。

根据规划，每个贫困村子课题组不仅要为总课题组提供数据，还要撰写和出版村庄调研报告，这就是呈现在读者面前的"精准扶贫精准脱贫百村调研丛书"。为了达到了解国情的基本目的，总课题组拟定了调研提纲和问卷，要求各村调研都要执行基本的"规定动作"和因村而异的"自选动作"，了解和写出每个村的特色，写出脱贫路上的风采以及荆棘！对每部报告我们都组织了专家评审，由作者根据修改意见进行修改，直到达到出版要求。我们希望，这套丛书的出版能为脱贫攻坚大业写下浓重的一笔。

中共十九大的胜利召开，确立习近平新时代中国特色社会主义思想作为各项工作的指导思想，宣告中国特色社会主义进入新时代，中央做出了社会主要矛盾转化的重大判断。从现在起到2020年，既是全面建成小康社会的决胜期，也是迈向第二个百年奋斗目标的历史交会期。在此期间，国家强调坚决打好防范化解重大风险、精准脱贫、污染防治三大攻坚战。2018年春节前夕，习近平总书记到深度贫困的四川凉山地区考察，就打好精准脱贫攻坚战提出八条要求，并通过脱贫攻坚三年行动计划加以推进。与此同时，为应对我国乡村发展不平衡不充分尤其突出的问题，国家适时启动了乡村振兴战略，要求到2020年乡村振兴取得重要进展，做好实施乡村振兴战略与打好精准脱贫攻坚战的有机衔接。通过调研，我们也发现，很多地方已经在实际工作中将脱贫攻坚与美丽乡村建设、城乡发展一体化结合在一起开展。可以预见，贫困地区的脱贫攻坚将不再只局限于贫困户脱贫，我们有充分的信心从贫困村发展看到乡村振兴的曙光和未来。

是为序！

全国人民代表大会社会建设委员会副主任委员
中国社会科学院副院长、学部委员
2018年10月

前　言

本书是中国社会科学院国情调研特大项目"精准扶贫精准脱贫百村调研"的成果。在该调研项目的支持下，笔者于2016年12月、2017年6月、2018年3月赴云南省丽江市玉龙县九河乡河源村，针对河源村的精准扶贫实施情况进行实地调研。调研过程中采取了座谈会、文献资料、问卷调查、深入访谈和参与观察的方法，从不同的主体视角（玉龙县政府、九河乡政府、驻村工作队、河源村委会、建档立卡户、非建档立卡户）对河源村实施精准扶贫的情况进行全景式的深描和分析。本书力求还原河源村实施精准扶贫的全过程，并对河源村精准扶贫的典型案例进行深入分析，以挖掘河源村实施精准扶贫的困难和经验。本书所用到的调研材料由以下几部分组成：座谈会资料、问卷数据、个案深入访谈资料、参与观察资料、扶贫干部工作日志、村委会会议记录资料。

玉龙县的县委副书记和丽军非常重视此次国情调研，在他的主持下笔者与玉龙县扶贫办就玉龙县精准扶贫实施情况进行了座谈，笔者在九河乡党委书记景灿春、乡长杨叁山的组织下与九河乡扶贫办的相关同志进行座谈。玉龙县和九河乡扶贫办的同志为笔者提供了大量资料。河源村的村支书杨志云与村委会主任李丽平以及玉龙县农业局和丽江市红十字会的驻村工作队全体队员[1]与笔者在河源村村委会的炉火旁经常聊到深夜。这些宝贵的访谈使笔者对河源村的精准扶贫工作有了深刻的理解，本书采用的访谈文字多来源于此，书中所用人名均为化名。

笔者在河源村村委会发现了自精准扶贫实施以来完整的村委会《会议记录》和驻村工作队的《工作日志》。这些《会议记录》和《工作日志》经过丽江健康与环境研究中心工作人员的整理，共有近600篇。这些宝贵的资料，呈现了河源村实施精准扶贫以来的全景，弥补了笔者调研时间不足的遗憾。本书中引用的《工作日志》和《会议记录》均来自此处。

笔者在2016年12月初次抵达河源村时，通过配额随机抽样向村民发放问卷64份。笔者从村委会的村民花名册中随机选取样本，由于河源村村委会的村民信息已经实行了数字化管理，笔者十分顺利地在村委会的电子花名册系统中对14个村民小组的建档立卡户和非建档立卡户按照等距抽样原则各抽取32位被访者。在问卷访谈过程中，距离河源村委会比较近的村民小组或者正在开展村民"村寨银行"的村民小组的问卷访谈由丽江健康与环境研究中心的工作人员和志愿者进行填写。距离河源村委会比较远

---

[1] 丽江市红十字会2016年驻村工作队员是杜雨涵，2017年驻村工作队员是李建荣，2018年驻村工作队员是和卫功。

的或者交通状况不好①的村民小组由村委会干部或者驻村工作人员到该村庄工作时顺便进行访谈。发放的64份问卷于2017年4月全部成功回收,并验收合格。访问员在问卷访谈过程中进行了录音,附录附上几份典型的问卷访谈的录音整理,以帮助读者进一步了解村民的实际生活。

河源村的村民由6个民族构成,以普米族、白族、纳西族为主体,很多年纪稍长的村民不会讲普通话。九河乡乡长杨叁山,村委会干部杨志云、李丽平、徐国花,驻村工作队的工作人员张全福、和志强、张秋菊等同志多次开着他们的私家车,带笔者翻山越岭去村民家访谈,并全程为笔者提供翻译。笔者调研时正碰上中药附子的收割和蜂蜜成熟季节,遂与村民一起劳动,并借住村民家中,其间完成了参与观察。

河源村是个高海拔的山地村庄,各个村民小组之间距离十分遥远,信息传递比较困难,加上云南省最初建档立卡户的名额限制等方面原因,造成建档立卡户动态管理时村民之间产生纠纷,这也是河源村实施精准扶贫工作最大的困难所在。建档立卡户的识别是否精准是困扰河源村民、村委会、驻村工作队和九河乡的最大难题,然而问卷调查的结果显示河源村的建档立卡户和非建档立卡户对于河源村实施的精准扶贫政策的满意度都非常高,他们对于

---

① 河源村最远的村民小组(白岩小组)距离村委会有20公里山路,即便开车单程的时间也需要2.5小时。调研进行的时候还有6个村民小组通往主干道的路没有硬化,雨雪天气的时候出行十分困难。笔者在调研时遇到河源村召开村党员大会,会议时间定在上午11:00,当时还好奇为什么开会时间这么晚,后来才知道住的比较远的村民小组的党员早上8点从家出发,赶到村委会也就差不多11点了。

精准扶贫程序的公平性和扶贫效果都十分认可。笔者认为在村民矛盾较为突出的河源村，村民对精准扶贫的满意度如此之高，有赖于九河乡干部、河源村村委会干部和驻村工作队在实施动态管理时耐心细致的工作。

河源村农民的生活是复杂和充满变化的，因此精准测算村民的收入十分困难，村干部不可能掌控村民收入的所有细节，因此如何"精准"地甄选出贫困户，并实施精准的帮扶措施是摆在河源村村委会面前的难题。河源村的独特做法是组织全体村民充分参与讨论。具体实施是由九河乡干部、河源村村委会干部和驻村工作队的队员组成四只队伍，深入各个村民小组，现场组织村民召开"贫情分析大会"，由村民对预选贫困户的贫困情况自由发表意见，最终投票决定建档立卡户。由"外人"主持召开的"贫情分析会"，村民们容易敞开心扉，在会上使村民之间的矛盾充分暴露和化解，对于谁当建档立卡户大家都心服口服，所以精准扶贫后期建档立卡户和非建档立卡户对该政策的实施满意度非常高。笔者认为由乡和村干部以及驻村工作队一起组织的"贫情分析大会"是河源村成功实施精准扶贫政策的成功经验。尽管这里套用匈牙利改革派经济学家科尔奈的话"自由而切实的讨论，是改革成功的必要条件"并不十分恰当，但是河源村的精准扶贫实践说明村民通过"自由而切实的讨论"，充分参与国家政策的实施过程，是精准扶贫取得良好效果的前提和基础。

河源村实施精准扶贫所取得的群众认可跟玉龙县、九河乡、河源村以及驻村干部等所有基层扶贫干部的努力是分不开的。玉龙县和九河乡的干部隔三岔五就要到河源村，这点可以从驻村工作队的《工作日志》中得到验证。驻村工作队和河源村村委会的干部每天要在村中走街串巷，经常要翻山越岭，他们不仅要承受体力上的辛苦，还需承受村民不理解时的心理压力。基层扶贫干部在农村精准扶贫工作中所表现出的敬业精神令笔者钦佩。河源村驻村工作队员张全福甚至为河源村写了一首诗《河源美》，现将该诗奉上。谨以此诗和此书向奋斗在一线的扶贫干部们致敬。

《河源美》

张全福

老君山，

九九龙潭似珍珠，

杜鹃红，

茶花粉，

原始森林山连山。

石红山上传神话，

九子岩下住我家。

山滴翠，

水碧绿，

如画风景扬海内，

若问此景哪里来？

生态文明争示范！

河源村,

十八村寨如一家,

白族勤,

纳西俭,

普米姑娘赛西施。

老屋基上盖新房,

牛住山下耕荞地。

蜂蜜甜,

牛羊肥,

农特产品享美名,

若问此景哪里来?

民族团结谱新歌!

新时代,

国家政策暖人心,

两不愁,

三保障,

精准扶贫动真格。

党员干部驻基层,

群策群力助攻坚。

扶贫困,

济弱残,

政府工作讲实效，
若问此景哪里来？
党的宗旨再体现！

勇担当，
三峡集团出真金，
修村道，
建学校，
山区发展遇良机。
基础设施见成效，
产业发展有着落。

百姓欢，
干部忙，
村容村貌换新颜。
若问此景哪里来？
央企善举显力量

目 录

// 001　第一章　河源村的土地人口与生计

/ 004　　第一节　河源村的地理与土地

/ 017　　第二节　河源村的人口

/ 023　　第三节　河源村民的生计

/ 035　　第四节　河源村民的住房与家当

// 049　第二章　河源村民的收支与致贫原因

/ 052　　第一节　河源村民的收入与支出

/ 062　　第二节　河源村民的致贫原因：生病

/ 073　　第三节　河源村民贫困原因：上大学

// 085　第三章　河源村精准扶贫实施的难点：贫困户的精准识别和退出

/ 088　　第一节　争当建档立卡户：有限的名额

/ 092　　第二节　测算村民收入的困难：包子有肉不在褶上

/ 097　　第三节　河源村建档立卡户的退出

// 103　第四章　河源村精准扶贫的实施：全民参与

／106　第一节　全体村民参与的贫情分析大会

／111　第二节　河源村委会内部争论：制定帮扶措施

／120　第三节　河源村建档立卡户的帮扶实施：整合资金

// 127　第五章　河源村实施精准扶贫的典型案例

／130　第一节　河源村傈僳族"华侨"的精准扶贫

／142　第二节　三峡集团人口较少民族扶贫资金带来的困扰

／146　第三节　没有户口的彝族自发移民

// 151　第六章　河源村精准扶贫的成效与机制

／154　第一节　精准扶贫的满意度

／162　第二节　建档立卡户信息的登记——摸清家底与村级现代化管理

／170　第三节　河源村精准扶贫的机制——驻村工作队与村民全面参与

／177　第四节　未来河源村脱贫之路

// 181　附　录

／183　访谈录音

// 215　参考文献

// 219　后　记

第一章

河源村的土地人口与生计

河源村是一个位于祖国西南边疆高海拔山区的多民族村落。她偏安于祖国的西南角，隶属于云南省丽江市玉龙纳西族自治县九河白族乡①。河源村坐落在云南丽江的老君山上，老君山是联合国教科文组织认定的世界自然遗产"三江并流"②的核心地区。河源村所隶属的丽江市，不仅有独特的地理风貌，也拥有丰厚的历史和文化资源。丽江市位于滇川藏三省区交界处，自古即为交通要道所在，历史上的南方丝绸之路便从这里经过，四面

---

① 九河乡因一条名为"九河"的河流穿过而得名。九河，在丽江市境内发源于老君山南麓的罗凤山及铁甲山，是澜沧江水系黑穗河的源头，流经白汉场、九河坝，在甸尾坪流入剑川县，九河在玉龙县境内流程20公里，集水面积223.6平方公里。
② "三江并流"区域是指金沙江、澜沧江和怒江三条大江自青藏高原发源以后，从青藏高原的高山峡谷中流淌下来，在云南和西藏地区形成的"三江并流"地貌。丽江所处的三江并流区域，整体特征是山多、河流多，河流的流向多。

八方的商家在此开展贸易，商业极其繁荣。丽江历史上也是该地区的政治中心，至今仍然保留有规模庞大的古城，是中国著名的旅游胜地。除此之外，河源村所处的位置距缅甸不远，当地的傈僳族同胞经常跨越国境"行走"，到缅甸从事砍伐或者狩猎，这也是当地独特的"问题"。河源村的精准扶贫就在这样独特的地理和历史人文背景下展开。

第一节　河源村的地理与土地

　　河源村原来并不叫河源村。根据河源村里的老人们回忆，河源村现在的"河源"二字是新中国成立后改的，这个地方最初的地名是"霜落箐"，意思就是"下霜的地方"。河源村位于老君山上，最高海拔4200米，最低海拔2500米，在这样高海拔的地理环境下，昼夜温差很大，空气容易凝结成霜，因此，河源村民们经常早上推开门眼前即是天地白茫茫一片的景象，就此把这个地方取名为"霜落箐"，即下霜的地方。新中国成立前，"霜落箐"又逐步演变成"沙箩箐"。"沙箩箐"是白族语的音译，直到现在白族语还把河源村叫"哨唠拱"。白族语的"哨唠"说的是燕麦，"拱"就是"箐沟"的意思，直译应该是"燕麦箐"。

解放初期，河源村成立了河源完小。河源完小的首任校长把"沙箩箐"改为"河源村"，取"大河之源"之意，这里的大河指的是澜沧江和金沙江（下游叫作长江）。河源村共有13条小溪，这些小溪最终都流入这两条大河。图1-1是村委会门口的一条小溪，当地人叫作"河源大沟"。

图1-1 河源村村委会门前的河源大沟
（罗静拍摄，2016年12月）

河源村是典型的低纬度高海拔山地村落，森林覆盖率为90%。最高海拔4200米，最低海拔2500米，平均海拔为2700米。河源村的辖域面积非常大，包括耕地7100亩，林地13万亩。河源村的气候差异四季明显，年平均气温14℃，年平均降水量830毫米。气温常年低于平原地区。笔者在6月的盛夏季节赶赴河源村时，尽管北京已是39℃的高温,但是在河源村仍然穿羽绒服,尤其夜晚仍然需要烤火取暖。

一 河源村的地理地貌

河源村坐落在三江并流核心区的老君山上,是典型的高原山地村庄。"三江并流区域处于中国四大贫困区之一的青藏高寒区边缘,贫困面大,属典型的边疆(远)少数民族贫困地区。自然地理和气候因素决定了河源村农业生产广种薄收的特点"①,这也是河源村贫困的主要原因。

河源村几乎都是峻陡的山坡,平整的耕地稀缺而且分散,生态景观虽然丰富但是十分脆弱。自然科学家的研究表明,三江并流地区适宜或较适宜于农业耕作和人类居住的平缓地和缓坡地(≤15°)占30.45%,可部分用于农业生产的斜坡地(15°~25°)占24.41%,而不适宜于农业生产和人类居住的陡坡地(≥25°)占45.14%。② 特殊的地形和地貌使得当地农民很难依靠耕种土地获得丰厚的回报。据图1-2河源村的地貌可见,大片的庄稼种在山坡上。

河源村民的土地基本都是在斜坡上,房子也建在山

---

① 2005年5月27日,云南省第十届人民代表大会常务委员会第十六次会议通过《云南省三江并流世界自然遗产地保护条例》,该条例的第十三条对三江并流区域有过评价。
② 张军、倪绍祥、于文静、刘燕:《三江并流区居民点空间分布规律》,《山地学报》2003年第1期,第121~125页。

图 1-2 河源村民的土地都在山坡上
(罗静拍摄,2017 年 6 月)

坡上,整个村子很难找到一块平地。大量陡坡地的存在,使河源村在雨季成为滑坡、泥石流等自然灾害的频发地,2016 年 7 月由于暴雨导致山体滑坡,通村公路被掩埋,河源村跟外界失去联系长达两周。河源村的自然环境不适宜农业生产,三江并流保护区的 8 个县[①]中,除玉龙县外,其他七个县属于国家级贫困县。对此河源村民的意见很大,因为列入国家级贫困县与否意味着中央

---

① 联合国教科文组织认定的三江并流区域包含:迪庆藏族自治州,怒江傈僳族自治州和丽江市及其所辖的香格里拉市、德钦县、维西县、泸水市、福贡县、贡山县、兰坪县和玉龙县共三市州八县,总人口约 80 万。三江并流保护区由高黎贡山、白马-梅里雪山、哈巴雪山、千湖山、红山、云岭、老君山、老窝山 8 大片区组成。

政府所给予的支持力度不同。笔者每次从河源村回到丽江的必经之路，是一条沿着河源大沟而行的泥土路。这条泥土路连接大理的剑川县和丽江的玉龙县，驱车送我下山的村委会干部徐阿花路经剑川县境内的时候，每次都愤愤不平地跟我说："剑川县是国家（级）贫困县，可是你看他们的路比我们好多了。"

河源村以前一直是玉龙县的县级贫困村，直到2014年实施精准扶贫后才"升级"为云南省的省级贫困村，对此，村民们感觉这次的精准扶贫比以前好多了，因为得到了国家的重视。

二 河源村的土地

仅就管辖面积来讲，河源村是个非常大的村庄，辖区面积108平方公里。在这么大面积的土地上仅生活着2000多人，而贫困是困扰当地人的大问题，值得深思。河源村有丰富的林业资源，可供种植粮食作物的土地非常少，因此村民们的生计来源以种植中药材、养蜜蜂、采蘑菇等林下经济为主，间或种些土豆，而日常生活的粮食基本从市场中购进。

河源村的村民无论是种植中药材还是粮食作物，基本上是"靠天吃饭"。尽管河源村有13条溪流，但是这些水资源没有被利用进行农业生产，因此河源村完全没有水田，所有的田地都是旱田。这些旱田零星散落在山坡上，村民们播下去种子，然后等待收获。以下土地数据是驻村工作队在河源村实地摸底的数据。

> 全村共有耕地7100亩(其中:水田0亩,旱地7100亩)。截至2015年全村共种植经济作物2300亩,其中核桃1500亩。全村生猪养殖存栏2575头,山羊存栏3000头,牛存栏850头,全村水利水沟总长8.5万米,全村太阳能覆盖面积达50%,无线户户通已全面覆盖。
>
> ——河源村驻村干部《工作日志》

根据《2016年九河乡政府工作报告》介绍,河源村目前人均耕地2.29亩,主要种植马铃薯、白芸豆、中药材等经济作物;河源村拥有林地138000.00亩,其中经济林果地1663.00亩,人均经济林果地0.80亩,主要种植苹果、花椒、青梅等经济林果。① 调研发现,由于河源村是个山地村落,村民们对于土地的类型利用和划分并不十分严格,耕地和园地之间经常转换。

表1-1显示了笔者抽样调查的河源村民土地的拥有情况,这次抽样调查的数据跟九河乡政府的统计数据并不完全一致,本次抽样数据没有进行样本代表性的验证,因此不能从抽样数据中推论河源村的整体土地拥有状况。抽样调查的数据显示,河源村每户拥有的有效灌溉耕地面积是0.97亩,旱地11.25亩,林地174.93亩。数据显

---

① 数据来源《2016年九河乡政府工作报告》。

示河源村民土地拥有规模差异很大,比如"林地自有面积"最小的一亩都没有,最大的有518亩。出现这个情况的原因跟村民小组实地居住的地理位置有关,有些村民小组住在山顶,因此林地面积非常大,住在低洼山谷里的村民小组,便没有林地(见表1-1)。

表1-1 河源村农民土地拥有情况

土地拥有情况	样本(人)	极小值(亩)	极大值(亩)	和(亩)	均值(亩)
有效灌溉耕地自有面积	61	0.00	30.00	59.00	0.9672
有效灌溉耕地经营面积	61	0.00	0.00	0.00	0.0000
旱地自有面积	61	0.00	45.00	686.10	11.2475
旱地经营面积	61	0.00	3.00	5.00	0.0820
园地自有面积	61	0.00	2.00	3.00	0.05
园地经营面积	60	0.00	1.00	1.00	0.02
林地自有面积	61	0.00	518.00	10671.00	174.9344
林地经营面积	61	0.00	14.70	14.70	0.2410
牧草地自有面积	61	0.00	0.00	0.00	0.0000
牧草地经营面积	61	0.00	1.00	5.00	0.0820
养殖水面自有面积	61	0.00	0.00	0.00	0.0000
养殖水面经营面积	61	0.00	0.00	0.00	0.0000
养殖设施自有面积	61	0.00	0.00	0.00	0.0000
养殖设施经营面积	61	0.00	0.00	0.00	0.0000
有效样本	61				

资料来源:精准扶贫精准脱贫百村调研河源村调研。注:本书统计表格,除特殊标注,均来自河源村调研。

在64位受访者中,有58位村民家中没有"有效灌溉的耕地"。这种情况跟该村民小组所处的地理位置有关。河源的很多村民小组都坐落在山坡上，河源村的村民小组中只有老屋基村民小组建设有灌溉设施。同时，村民们种植的马铃薯、白芸豆等农作物平时并不需要灌溉。抽样调查数据显示，河源村的村民平均每户拥有1亩旱地，从数据频数的分布来看，50%的村民家庭拥有的旱地在6亩及以下，最多的拥有45亩，最少的没有旱地（见表1-2）。

表1-2　河源村民旱地自有面积

旱地自有面积	频数（人）	百分比（%）	有效百分比（%）	累计百分比（%）
0.00	2	3.1	3.3	3.3
2.00	1	1.6	1.6	4.9
3.00	3	4.7	4.9	9.8
3.20	1	1.6	1.6	11.5
3.50	1	1.6	1.6	13.1
4.50	4	6.3	6.6	19.7
5.00	9	14.1	14.8	34.4
5.50	3	4.7	4.9	39.3
6.00	6	9.4	9.8	49.2
6.20	1	1.6	1.6	50.8
6.30	1	1.6	1.6	52.5
7.00	2	3.1	3.3	55.7
7.50	1	1.6	1.6	57.4
8.00	2	3.1	3.3	60.7
8.40	1	1.6	1.6	62.3
8.50	1	1.6	1.6	63.9
9.00	1	1.6	1.6	65.6
10.00	4	6.3	6.6	72.1
11.00	1	1.6	1.6	73.8
13.00	1	1.6	1.6	75.4
15.00	2	3.1	3.3	78.7
18.00	1	1.6	1.6	80.3
20.00	4	6.3	6.6	86.9
30.00	3	4.7	4.9	91.8
34.00	1	1.6	1.6	93.4
35.00	1	1.6	1.6	95.1
36.00	1	1.6	1.6	96.7
45.00	2	3.1	3.3	100.0
合计	61	95.3	100.0	
系统缺失	3	4.7		
合计	64	100.0		

图1-3 河源村的旱地

（罗静拍摄，2017年6月）

河源村的园地非常少，只有恰好地处山谷中的村才会有园地。在64位被访者中，只有1位村民拥有1亩园地。此外，河源村的村民之间也有流转土地，抽样调查显示有2户和1户村民分别流转了2亩旱地和1亩园地，有1位村民承包了别人的林地，面积是14.7亩。整体来看河源村民之间土地流转的比例非常低。

河源村拥有的土地资源最多的是山林，每户人家平均拥有171亩林地。从统计数据的频数分布来看，50%的村民拥有的林地数量在170亩及以下，最多的拥有518亩林地，最少的村民没有林地（见表1-3）。

表1-3 河源村林地自有面积

林地自有面积	频数（人）	百分比（%）	有效百分比（%）	累计百分比（%）
0.00	11	17.2	18.0	18.0
40.00	1	1.6	1.6	19.7
50.00	3	4.7	4.9	24.6
80.00	2	3.1	3.3	27.9
100.00	2	3.1	3.3	31.1
110.00	1	1.6	1.6	32.8
120.00	3	4.7	4.9	37.7
150.00	6	9.4	9.8	47.5
170.00	1	1.6	1.6	49.2
180.00	6	9.4	9.8	59.0
200.00	10	15.6	16.4	75.4
285.00	4	6.3	6.6	82.0
300.00	2	3.1	3.3	85.2
318.00	1	1.6	1.6	86.9
332.00	1	1.6	1.6	88.5
354.00	1	1.6	1.6	90.2
389.00	1	1.6	1.6	91.8
450.00	3	4.7	4.9	96.7
500.00	1	1.6	1.6	98.4
518.00	1	1.6	1.6	100.0
合计	61	95.3	100.0	
系统缺失	3	4.7		
合计	64	100.0		

三 河源村的道路

道路问题是河源村发展最大的限制。虽然河源村距离丽江只有100多公里的路程，并且坐落在著名景点老君山上，但是很多河源村民却没有能够从当地的旅游市场中分得一杯羹，原因就是进出河源村的道路太差了，村民们自己到九河乡一趟都十分不易，更何况游客。

目前从外界进出河源村有两条道路。最主要的一条道路是先从丽江市到大理州的剑川县，然后再从剑川县进入河源村，笔者每次进入河源村调研也是走这条道路。从剑川县到河源村的这条路长11公里，其中归属于大理州剑川县的有8公里，归属于丽江市玉龙县的有3公里。这条路是在新中国成立初期（20世纪50年代）建成的，当时是国营木材公司为了运输木材[①]而修。20世纪90年代国营林场关闭以后，民间的砍伐十分严重，主要是大理州剑川县的农民到老君山上（河源村）砍伐木材。砍伐下来的木材同样是从这条路运往剑川县的木材市场出售。河源村民一直制止砍伐，并曾经与盗砍木材的人发生过激烈的冲突，当时河源村的老主任带领村民们跟盗砍木材的人打过好几次架。所以对于这条通往外界的道路，河源村民的心态非常矛盾，一方面他们不愿意修好这条路，因为如果路修好了，盗砍木材的人进出就更加便利了，但是另一方面这条路的路况又限制了河源村民自己的外出和农产品销售。实际上，这条道路的维修涉及两个市（州）的行政管辖范围，对于这么小一段道路的建设问题，大理州和丽江市的协调工作比较困难，所以一直没有修。另外一条进出河源村的道路是2008年建成的龙源路。龙源路属于通村公路项目，直接通往214国道，河源村山上的几个村民小

---

① 老君山附近村民的生计是典型的"靠山吃山"，伐木曾经是老百姓的主要生计来源。现在大理州的剑川县还有一个合法的木材交易市场，这个市场就在剑川县长途客运站旁边，笔者到河源村如果乘坐公共交通的话，就是从玉龙县乘坐长途大巴到达大理州剑川县的这个长途汽车站。河源村民日常出行也是走这条线路。

组由这条路即可直接通往九河乡政府所在地。龙源路连通了河源村山上的七个村民小组，但是其他村民小组如果绕行龙源路要多走30公里，因此大多数村民出行还是会选择走通往大理州剑川县的老路。

图1-4和图1-5显示的是河源村通往大理州剑川县的这条道路。道路没有硬化，雨后泥泞不堪，在2016年7月遭遇泥石流的时候，这条路被掩埋，导致河源村与外界

图1-4 雨后河源村的路
（徐国花拍摄，2016年7月）

图1-5 雨后驾车驶出河源的路上
（张全福拍摄，2017年7月）

断绝联系长达两周。

道路问题是当前河源村民最大的困难,不仅仅是外界通往河源村的道路,河源村各个村民小组之间的道路状况也很糟糕。河源村整体位于高山地区,各个村民小组的分布十分分散,所以道路对于村民之间的沟通和外出都显得尤为重要。河源村村委会干部杨阿元说:

"我们最老火(恼火)的就是路,这边的基础设施每年需要100多万,(这100多万)其实修不了多少路,我们这边居住太分散。"

从河源村民小组分布(图1-6)可以看出,河源村的各个村民小组之间相隔甚远。最远的白岩村民小组距离河源村村委会有20多公里的山路,即便开车也要2.5个小时。

图1-6 河源村委会村民小组分布
(九河乡政府提供,2017年6月)

抽样调查显示,河源村道路类型中,超过一半(56.3%)的道路是泥土路。泥土路是完全没有做硬化处理的道路,在雨雪天气中坑坑洼洼,机动车辆几乎无法通行。21.9%

为砂石路，当地人叫"弹石路"，即路面是用石子铺成，略好于泥土路，但是机动车行驶起来十分颠簸。全村只有20.3%是水泥或柏油路（见表1-4）。

表1-4 河源村道路类型

道路类型	百分比（%）	有效百分比（%）	累计百分比（%）
泥土路	56.3	56.3	56.3
砂石路	21.9	21.9	78.1
水泥或柏油路	20.3	20.3	98.4
缺失	1.6	1.6	100.0
合计	100.0	100.0	

第二节 河源村的人口

截至2016年年底，河源村共有512户人家，2145人，下辖14个村民小组，他们分别是白岩组、松坪组、磨石河组、大麦地组、荞地坪组、河源组、峰坪组、牛住山组、大栗坪组、单岭组、新房组、石红上村组、石红下村组、老屋基组。个别村民小组还分成几个居住点，比如黑山脚、羊肠沟、各路、水塘箐等居住点。河源村的驻村工作队队长张全福将各个村民小组的名字写成了一首诗：《河源村》。

《河源村》

牛住山上有人家，

黑山脚下是单岭，

羊肠沟里出河源，

石红山中红石崖，

老屋基上盖新房，

东西峰坪来赞助，

松坪出来磨石河，

水塘菁在大麦地，

荞地坪连大栗坪，

老君山上有白岩，

百十龙潭怀中抱，

各路神仙炼丹忙。

河源村的户数按照不同的统计口径计算是不一样的。在2016年年初，驻村工作队初入河源进行入户调查时，全村有495户，2120人，到2017年年底全村有512户，2145人。512户是河源村实际居住的户数，但是如果按照户口本计算就有612户，包含100户城镇户口。村委会干部李阿平告诉笔者，河源村里持城镇户口的基本上都是老年人，也就是一般村民家中爷爷奶奶是城镇户口，孙子是农村户口，主要是前些年的户口政策要求村民按照一定比例转成城镇户口，所以很多老年人的户口就转为城镇户口：

如果按照户口本算，河源一共有612户了，那是因为那年（具体不详）上面有政策要求按比例转成城镇户口,所以有些人家就把户口分来了,后来那个政策做到一半就停了,所以我们村有很多城镇户口。

关于河源村的人口情况,河源村的驻村工作队干部们通过走访、摸底给出了准确的数字,河源村建档立卡户的筛选最终按照实际居住的户数来计算。

  今天在河源村进行走访入户调查。今天去大栗坪、单岭。河源村下辖14个村民小组,分别为白岩村、松坪村、磨石河村、大麦地、荞地坪、河源、峰坪、牛住山、大栗坪、单岭、新房、石红上下村、老屋基。截至2015年年末全村总户数495户,2120人,60岁以上有90人,劳动力有1300人,在校生有250人,其中在校大学生有35人。

——驻村干部《工作日志》

河源村是少数民族村落,河源村的村民由6个民族构成,分别是白族、纳西族、普米族、傈僳族、汉族、布朗族。虽然少数民族在计划生育时期享有特殊的生育政策,但是村民们并没有更多生育子女的意愿。实施计划生育政策以后,河源村平均每户家庭都有2个孩子,而以前每户至少生4个孩子,这一点从年纪大一点的村民中可以看出。比如村委会的干部徐阿花,她出生于1971年,家有6个兄弟姐妹,她的兄弟姐妹们都只生育了2个孩子。通过入户走访,以及核对村民们的户口本,笔者发现河源村的家庭人口规模平均是4口，即现在普遍每家生育2个孩子，抽样统计也显示出同样的结果。在被调查的64位被访者中，回答家中有4口人的被访者有51人。

河源村共有6个民族长期共同生活在这里，河源村的村民小组中没有一个村民小组是由单一民族构成。抽样调查的数据显示，河源村民主要有三个民族，人口最多的是普米族，占河源村的32.8%，其次是白族和纳西族，分别占总人口的28.1%和26.6%。河源村民族构成的数据与笔者调研村中老人对河源村人口来源的回忆是吻合的。老人们回忆河源村最早由三个普米族的兄弟迁入居住，后面陆陆续续从大理州剑川县迁来了其他民族的村民定居，逐渐形成了今天的河源村。今天普米族人口在河源村中所占比例是最高的，跟白族和纳西族的比例相差不多。在人民公社时期，河源生产大队也曾经按照白族和纳西族将生产大队一分为二，但是不到两年时间又重新合并成一个生产大队，一直延续到今天。

表1-5 河源村各民族构成比例

民族	频率（人）	百分比（%）	累计百分比（%）
汉族	5	7.8	7.8
白族	18	28.1	35.9
傈僳族	2	3.1	39.1
纳西族	17	26.6	65.6
布朗族	1	1.6	67.2
普米族	21	32.8	100.0
合计	64	100.0	

河源村的主要民族是普米族、白族、纳西族。白族和纳西族都是非常重视教育的民族，因此河源村民的受教育程度比较高，有57.8%的村民完成了初中教育，但是仍然有12.5%的村民是文盲，他们大多数是年纪比较大的村民（见表1-6）。

表1-6 河源村民的受教育程度

受教育程度	频率（人）	百分比（%）	累计百分比（%）
文盲	8	12.5	12.5
小学	17	26.6	39.1
初中	37	57.8	96.9
高中	1	1.6	98.4
中专（职高技校）	1	1.6	100.0
合计	64	100.0	

此次调查的大多数受访者都是普通村民，村干部的比例为12.5%，村民们把村民小组长也当作干部。抽样调查中回答问卷的多数是户主，户主一般由家庭中的男性承担，因此93.8%的被访者是男性，多数受访者为已婚（89.1%），有6.3%的受访者未婚（见表1-7）。

表1-7 河源村被访者的婚姻状况

婚姻状况	频率（人）	百分比（%）	累计百分比（%）
已婚	57	89.1	89.1
未婚	4	6.3	95.3
离异	2	3.1	98.4
丧偶	1	1.6	100.0
合计	64	100.0	

抽样调查结果显示，每个家庭劳动力人口数量平均是2.2个人（见表1-8）。深入分析表明，每户有两个劳动力的比例最多，占到62.5%；有一个劳动力和三个劳动力的比例都是14.3%（见表1-9）。结合驻村工作队统计的外出务工人口，可以大概推算出每个村民家中有一个劳动力外出务工，一个劳动力在家务农。这个情况与笔者入户调查的情况基本吻合。

表1-8 河源村每户劳动力数量

河源村		每户劳动力人数（人）
样本数	有效	56
	缺失	8
均值		2.20
中值		2.00
众数		2
极小值		1
极大值		5

表1-9 本地常住人口中的劳动力人数

常住人口中的劳动力人数（人）	频数（人）	百分比（%）	有效百分比（%）	累计百分比（%）
1	8	12.5	14.3	14.3
2	35	54.7	62.5	76.8
3	8	12.5	14.3	91.1
4	4	6.3	7.1	98.2
5	1	1.6	1.8	100.0
合计	56	87.5	100.0	
系统缺失	8	12.5		
合计	64	100.0		

第三节　河源村民的生计

根据驻村工作队对全村 512 户进行入户家访得到的信息，目前河源村有 550 人常年在外打工，有 110 多户购买了各型机动车，40 多户在县城和其他地方购买了商品房。[①] 河源村民普遍十分勤劳，并且有一些致富能手。

一　种植中药材：独特的自然条件与巨大的价格波动

河源村所隶属的玉龙县，森林覆盖率 72.5%，是云南省的重点林区，同时也属于国家川滇森林及生物多样性生态功能区。玉龙县有种子植物 145 科 758 属 3200 余种、药材 2000 多种，被誉为"高山植物王国"和"药材之乡"。玉龙县根据地形特征，按照"山尖药材、山腰林果、山脚烤烟、坝区蔬菜"的农产业布局，重点发展烤烟、药材、核桃、雪桃、油橄榄、马铃薯、蔬菜、畜牧等特色优势产业。玉龙县还是云南省高原特色农业示范县、全国林下经济发展示范县、中央生猪调出大县、云南省云药之乡、云南省可持续发展实验区等。[②] 河源村的农业发展布局按照玉龙县的整体部署进行，河源村的地理位置处于玉龙县的"山尖"部分，所以几乎每家每户都种植中药材，比

[①] 丽江市红十字会、玉龙县农业局驻河源扶贫工作队：《工作纪实》，2017 年 8 月 15 日。

[②] 资料来自玉龙县政府官方网站。

如滇重楼、附子、玛卡等。滇重楼是名贵的药材，收购价格新鲜货在300~500元/公斤，干品在1500~2500元/公斤。村民都是将滇重楼种植在自己院子的花盆里，滇重楼的生长周期较长，一般需要3~5年才能成才，一户人家种植滇重楼3~5年可以收入3万~5万元。但是大规模种植滇重楼需要极大的资金和人工投入，因此当地没有种植滇重楼的大户。

河源村的村民都反映最近几年的气候有点反常。2015年干旱，2016年又发大水。抽样调查显示村民自述的农业

图1-7 河源村种植的名贵中药——滇重楼

（徐国花拍摄，2017）

受灾比例是84.4%，64位被访者中有54位的家庭在2015年农业生产遭受自然灾害。河源村民在2015年因自然灾害而损失的金额平均为2383元，最少的是500元，最多的是20000元。表1-10是被访者2015年农产品因自然灾害而损失的金额。

表1-10 2015年河源村农产品因自然灾害损失金额

损失金额（元）	频数（人）	百分比（%）	有效百分比（%）	累计百分比（%）
500	5	7.8	9.3	9.3
800	2	3.1	3.7	13.0
1000	6	9.4	11.1	24.1
1100	1	1.6	1.9	25.9
1200	1	1.6	1.9	27.8
1500	9	14.1	16.7	44.4
1800	1	1.6	1.9	46.3
2000	12	18.8	22.2	68.5
2500	1	1.6	1.9	70.4
3000	7	10.9	13.0	83.3
4000	6	9.4	11.1	94.4
4500	1	1.6	1.9	96.3
5000	1	1.6	1.9	98.1
20000	1	1.6	1.9	100.0
合计	54	84.4	100.0	
系统缺失	10	15.6		
合计	64	100.0		

2015年对于河源村民来说，自然灾害还不是最大的伤害，农产品价格下跌对农民造成的影响更大，主要的农产品是农民种植的玛卡。河源村的村民几乎每家都种植中药材，这种状况在丽江山区的农村非常普遍。村民们种植什

么中药材也不是一成不变的,由于老君山特殊的土壤和气候条件,不时会从外面引进新的中药材种植。这样就使中药材市场供求关系变得不稳定,往往是大家一窝蜂种某种中药材,结果就是所有人都卖不出去。毕竟中药材市场的容量并不会随着供应量的增大而很快增大,最典型的例子就是玛卡。

玛卡并不是云南的原生药材,而是2002年由云南省农科院高山经济植物研究所从秘鲁引进并在丽江驯化成功的作物。玛卡最适合在低纬度、高海拔的冷凉地区种植,云南适宜玛卡种植的面积约有几十万亩,主要集中在丽江。这些高海拔冷凉地区常年气温低、昼夜温差大,并且常有霜冻、环境恶劣,所以历史上当地村民只能种青稞、燕麦、荞麦、洋蔓菁等作物,而玛卡的引进和种植能够在一定程度上缓解高海拔冷凉山区粮食及蔬菜品种少、数量不足的矛盾,于是卫生部2002年正式批准玛卡进入中国,并于2011年批准为"国家新资源食品"。2011年开始,从丽江市到云南省的其他地区先后都开始将玛卡种植作为重要产业进行推广。

云南丽江高寒山区成功引种玛卡后,由于亩均纯收入较传统作物高出2~3倍,倍受山区农民青睐,加上政企研联运助推玛卡种植产业的发展,使得玛卡的种植面积迅速扩大,逐步成为带动高寒贫困山区农民脱贫致富的支柱产业。相关数据显示,2010年玛卡种植面积不超过2000亩,主要集中在丽江;2011年开始增加到3200亩;2012年云南全省种植面积为2.5万亩,年产量约为

2400吨；到2014年，迅速发展到15万亩，其中仅丽江的种植面积就达到7万亩，主要种植区域从丽江蔓延到云南迪庆、怒江、昭通、曲靖、大理和昆明等地，并延伸到了周边贵州、四川、西藏等省份。2015年，全国玛卡种植面积达60万亩，产量高达31000吨，其中，丽江玛卡产业基地突破14万亩。① 玛卡在中国的成名史只有短短数年，2002年玛卡在云南丽江才试种成功，2011年云南玛卡批发价约为220元/公斤，2012年上涨至300元/公斤。2014年，玛卡批发价的最高位甚至达千元一公斤。但是大量种植的结果是玛卡价格的断崖式下跌。从2015年3月到2016年1月的10个月里，黑玛卡干果的收购价格从每公斤最高价的1000多元跌至每公斤30元。②

　　河源村种植玛卡的村民也受到玛卡价格行情的影响。调查结果显示，有68.8%的村民在2015年遇到了农产品价格下跌的问题，这里主要就是玛卡种植。但是村民们又很难估算因为价格下跌造成的损失，因为市场价格本身就是波动的。驻村工作队的队员也了解到这个情况，想办法帮村民卖玛卡，但是市场整体行情不好，队员也没有办法，《工作日志》中对此也有记录：

2016年3月3日，星期四，晴

入户调查，今天去磨石河小组进行入户调查。磨

---

① 《从"天价"到"萝卜价"：揭开玛咖神秘面纱》，21世纪经济报道，http://epaper.21jingji.com/html/2016-03/02/content_33381.htm。
② "断崖式"下跌后云南玛卡何去何从？，云南网，http://society.yunnan.cn/html/2016-03/19/content_4237535.htm。

石河村分上下组，在外务工的人较多，留村的部分村民就种植玛卡，部分村民面积还比较多。今年的玛卡价格太差，有些村民因此而赔钱了。我们去挂钩户调查时他们请我们帮他们联系一下销路，我们说可以在微信朋友圈里发布一些消息，但市场就走不了，也是爱莫能助。

——河源村驻村工作队《工作日志》

抽样调查显示，2015年68.8%的村民遇到农产品价格下跌的情况，14.1%的村民遇到农产品销售困难（见表1-11）。

表1-11 2015年河源村农产品难卖的问题

农产品是否难卖	频数（人）	百分比（%）	有效百分比（%）	累计百分比（%）
销售困难	9	14.1	15.0	15.0
价格下跌	44	68.8	73.3	88.3
否	6	9.4	10.0	98.3
不适用	1	1.6	1.7	100.0
合计	60	93.8	100.0	
系统缺失	4	6.3		
合计	64	100.0		

二 河源村民的务工和务农

对于河源村的村民而言，取得现金收入的主要途径还是外出务工。2016年河源村全村近550名劳动力外出务工。河源村一共有512户家庭，这意味着几乎每个家庭都有外

图 1-8 河源村种植的漫山遍野的玛卡

（杨志云拍摄，2016 年 5 月）

出务工人员。据村委会干部介绍，河源村民在玉龙县打工的比较多，也有 40 多人去省外打工，省外务工人员主要集中在广东、福建、浙江。2016 年玉龙县农业局组织过一批针对河源村民的外出务工培训，有 100 多人参加了培训，主要内容是法律法规方面的内容。玉龙县政府也希望进一步推动村民外出务工。

（一）河源村劳动力的农业劳动时间

抽样调查数据显示，河源村农民每年平均劳动时间是

280.62 天（见表 1-12），平均每周劳动时间是 5.4 天[①]，折算下来每周休息一天半。受访者的劳动时间频数列表显示，每年劳动时间是 300 天的人占最大多数（71.4%）（见表 1-12）。

表 1-12　2015 年河源村民劳动时间

劳动时间（天）	样本（人）	极小值（天）	极大值（天）	均值（天）	标准差
劳动时间	56	10	365	280.62	15.715
有效样本	39				

河源村民最近一个星期的劳动时间达 68.85 小时（见表 1-13），有 46.2% 的人上周[②]劳动时间是 70 小时，平均每天劳动接近 10 个小时。河源村民们如何定义劳动时间是个值得思考的问题，笔者对村民的访谈发现，他们认为只要天气好，从早上起床到晚上睡觉，都算是劳动时间。

表 1-13　河源村民最近一个星期累计劳动时间

累计劳动时间（小时）	样本（人）	极小值（小时）	极大值（小时）	均值（小时）	标准差
劳动时间	39	0	80	68.85	12.912
有效样本	39				

---

① 但是标准差很大，也就是个体之间的差异非常大，最多的人每年工作 365 天，最少的每年工作 10 天。
② 相对于调研时间来说。

表 1-14　2015 年河源村民劳动时间

劳动时间（天）	频数（人）	百分比（%）	有效百分比（%）	累计百分比（%）
10	1	1.6	1.8	1.8
30	1	1.6	1.8	3.6
70	1	1.6	1.8	5.4
100	1	1.6	1.8	7.1
150	1	1.6	1.8	8.9
180	1	1.6	1.8	10.7
210	1	1.6	1.8	12.5
280	1	1.6	1.8	14.3
300	40	62.5	71.4	85.7
310	4	6.3	7.1	92.9
350	1	1.6	1.8	94.6
365	3	4.7	5.4	100.0
合计	56	87.5	100.0	
系统缺失	8	12.5		
合计	64	100.0		

大多数村民在劳动时间里从事"本地自营农业"，一年平均为 228.93 天。其次是本地非自营农业 50.89 天，"本地打零工" 42.86 天（见表 1-15）。

表 1-15　2015 年河源村民不同劳动种类的劳动时间

劳动种类	样本（人）	极小值（天）	极大值（天）	劳动时间总和（天）	均值（天）
本地自营农业	56	0	365	12820	228.93
本地非自营农业	56	0	300	2850	50.89
本地打零工	56	0	210	2400	42.86
本乡镇内固定工资性就业	56	0	210	570	10.18
县内本乡镇外打工或自营	56	0	300	980	17.50
省内县外打工或自营	56	0	300	590	10.54
省外打工或自营	55	0	300	300	5.45
有效样本	55				

(二)河源村民的非农务工

从河源村民 2015 年的收入结构看出,劳动收入比例最大的还是务工带来的工资性收入(见表 1-16)。

表 1-16　2015 年河源村民劳动收入

个人劳动收入（元）	样本（人）	极小值（元）	极大值（元）	和（元）	均值（元）
2015 年劳动总收入	54	3000	70000	740435	13711.76
农业经营收入	52	0	20000	248556	4779.92
非农业经营收入	53	.00	35000.0	127258.9	2401.111
工资性收入	53	0	35000	355200	6701.89
有效样本	54				

抽样调查结果显示,河源村民的劳动收入在 2015 年平均为 13711.76 元,平均每个月 1143 元。经过与村委会主任和村民们的核实,这个数字是低于实际水平的,因为村民日常生活很多生活物资需要从市场中购入,因此村民们现金的使用是非常频繁的。村干部杨阿云告诉我们:"现在河源村一个人一个月收入低于 2000 元的不存在了,低于 2000 元连饭都吃不上的。"

测算农民的收入是个难题,这也是河源村实施精准扶贫的难点所在,抽样调查的结果也从侧面佐证了这个难点。调查结果显示,河源村民 2015 年最主要的工作是农林牧渔业,占总数的 90.5%。但是就整体而言,这个数据的代表性存疑,因为在 64 位被访者中只有 21 位回答了这个问题,约 2/3 的村民没有回答(见表 1-17)。

表1-17　2015年河源村民最主要工作内容类型

工作内容类型	频数（人）	百分比（%）	有效百分比（%）	累百分比（%）
农林牧渔业	19	29.7	90.5	90.5
交通运输、仓储和邮政业	1	1.6	4.8	95.2
居民服务、修理和其他服务业	1	1.6	4.8	100.0
合计	21	32.8	100.0	
系统缺失	43	67.2		
合计	64	100.0		

抽样调查的数据显示，河源村外出务工村民的务工状态，大多数（66.7%）的村民是自雇经营，33.3%的村民是受雇。通过对村民的入户访谈，笔者发现河源村距离丽江市比较近，而丽江作为著名的旅游城市，出租车的生意很好做，因此很多河源村民都在丽江开出租车。村委会现任干部李阿平在就任村委会主任之前就在丽江开出租车，他在回到河源村的前几年还常常感到后悔：

> 我真是后悔回来，都是亲戚们非要喊我回来，村子里钱也赚不到，事情又那么多，工作不好做。我每年在丽江开车能赚到10万块，我父亲（曾经是河源村的老支书）现在还住在丽江。

对于河源村民来说，由于2/3的村民是自雇经营，只有1/3的村民是"受雇"，所以拖欠工资的比例不高。调查数据显示，在64位受访者中，有35位回答了这个问题，其中只有 2 位村民存在工资拖欠情况，占总数的 5.7%。这两位村民分别被拖欠了 2 万和 8 万元的工资款，拖欠时间分别是 1 年和 2 年，截至笔者访谈的时候还没有结清。

数据显示，河源村民务工的平均日工资是 67.11 元（见表 1-18），经了解实际上现在河源村附近务工的工资没有低于 80 元每天的，如河源村老屋基村的中药公司给村民们开出的工资是 80 元每天外带一顿午餐。就此可以看出村民们普遍倾向于少报自己的收入，尤其是面对进行扶贫调研的人。

表 1-18　2015 年河源村民主要工作时间和工资

工作时间和工资	样本（人）	极小值（元）	极大值（元）	和（元）	均值（元）
平均日工资（元）	44	20	176	2953	67.11
平均上班天数（天）	48	4	30	1096	22.83
有效样本	48				

河源村民大部分的外出务工都是短期工作，其中有 42.2% 的村民外出务工时间在 3 个月以下（见表 1-19）。

表 1-19　2015 年河源村民外出务工时间

务工时间	频数（天）	百分比（%）	有效百分比（%）	累计百分比（%）
3 个月以下	27	42.2	42.2	42.2
3~6 个月	10	15.6	15.6	57.8
6~12 个月	18	28.1	28.1	85.9
无	9	14.1	14.1	100.0
合计	64	100.0	100.0	

抽样调查的数据显示，绝大多数（92.2%）的村民将打工收入带回家，只有4.7%的人没有将打工收入带回家。

第四节　河源村民的住房与家当

一　河源村民的住房

河源村民居住的都是传统的少数民族式样的民居，即便是新建造的房子也是传统的式样。抽样数据显示，整体来讲河源村民的住房满意度比较高。对住房不满意的村民仅占17.2%，对住房比较满意和非常满意的比例占48.5%（见表1-20）。村委会干部们也认为由于民族特性，河源村民对住房比较在意，因此投入比较多，满意度也高。

表1-20　河源村民的住房满意度

住房满意度	频数（人）	百分比（%）	有效百分比（%）	累计百分比（%）
非常满意	4	6.3	6.3	6.3
比较满意	27	42.2	42.2	48.4
一般	22	34.4	34.4	82.8
不太满意	11	17.2	17.2	100.0
合计	64	100.0	100.0	

图1-9 河源村普通的纳西族村民宅院

(罗静拍摄,2017年6月)

对于住房状况的调查也显示,河源村民认为住房状况"一般或良好"的占到56.3%;政府"没有认定,但属于危房"的比例是14.1%(见表1-21)。

表1-21 河源村民自述住房状况

住房状况	频数(人)	百分比(%)	有效百分比(%)	累计百分比(%)
一般或良好	36	56.3	56.3	56.3
政府认定危房	19	29.7	29.7	85.9
没有认定,但属于危房	9	14.1	14.1	100.0
合计	64	100.0	100.0	

图1-10 河源村普通的白族住宅

（罗静拍摄，2017年6月）

河源村的住房大多数（90.6%）是"砖瓦砖木"结构，只有3.1%的住房是"砖混材料"结构。6.3%的住房是"竹草土坯"结构（见表1-22）。

表1-22 河源村民住房材料

住房材料	频数（人）	百分比（%）	有效百分比（%）	累计百分比（%）
竹草土坯	4	6.3	6.3	6.3
砖瓦砖木	58	90.6	90.6	96.9
砖混材料	2	3.1	3.1	100.0
合计	64	100.0	100.0	

河源村由6个不同的民族聚集在一起，各民族均有本民族的房屋建造特色。抽样调查的数据显示，河源村

民住宅的平均面积是159.57平方米，从数据呈现的频数来看，有36.7%的村民居住面积是120平方米（见表1-23）。

表1-23 河源村民的住房面积

住房面积（平方米）	频数（人）	百分比（%）	有效百分比（%）	累计百分比（%）
45	1	1.6	1.7	1.7
80	2	3.1	3.3	5.0
90	1	1.6	1.7	6.7
96	1	1.6	1.7	8.3
100	3	4.7	5.0	13.3
120	22	34.4	36.7	50.0
130	3	4.7	5.0	55.0
140	1	1.6	1.7	56.7
150	2	3.1	3.3	60.0
160	5	7.8	8.3	68.3
180	2	3.1	3.3	71.7
200	5	7.8	8.3	80.0
210	1	1.6	1.7	81.7
240	2	3.1	3.3	85.0
260	2	3.1	3.3	88.3
277	1	1.6	1.7	90.0
280	2	3.1	3.3	93.3
288	1	1.6	1.7	95.0
300	2	3.1	3.3	98.3
318	1	1.6	1.7	100.0
合计	60	93.8	100.0	
系统缺失	4	6.3		
合计	64	100.0		

河源村民的住房普遍是楼房，传统的民居都带有阁楼。楼上用来储存粮食和农用物资，一般不住人。村里有新建的房屋，材料为钢筋水泥，新房屋在建造的时候就设计了专门用来储存粮食的空间，因此就不再是楼房了。在河源村楼房和平房的区别并不能构成区分村民生活富裕程度的指标，很多时候，平房反倒是最新的"豪宅"。在64位被访者中，住楼房的有62位，占96.8%，只有2位住平房。

图1-11 河源村一户新婚村民的卧室
（罗静拍摄，2016年12月）

图1-12 河源村一户新婚村民的卧室
（罗静拍摄，2016年12月）

抽样数据显示，河源村民普遍拥有一套住房，并且是自有产权。这个情况与我国目前广大农村地区的状况是一致的。在调查的64户人家中，最新的房子建造于2016年，最老的房子建造于1917年，平均房龄是22年。从河源村民建造房屋的年份频数分布可以看出，除了一处房屋外，其他房屋都是在新中国成立后建造的。其中，被访者中有近一半的房子是在1995年之前建造的（见表1-24）。

表1-24 河源村民房屋建造年份

房屋建造年份	频数（人）	百分比（%）	有效百分比（%）	累计百分比（%）
1917	1	1.6	1.6	1.6
1950	1	1.6	1.6	3.2
1970	1	1.6	1.6	4.8
1980	2	3.1	3.2	7.9
1982	3	4.7	4.8	12.7
1986	1	1.6	1.6	14.3
1987	3	4.7	4.8	19.0
1988	1	1.6	1.6	20.6
1989	1	1.6	1.6	22.2
1990	1	1.6	1.6	23.8
1991	4	6.3	6.3	30.2
1992	4	6.3	6.3	36.5
1993	1	1.6	1.6	38.1
1994	3	4.7	4.8	42.9
1995	3	4.7	4.8	47.6
1996	3	4.7	4.8	52.4
1997	1	1.6	1.6	54.0
1999	1	1.6	1.6	55.6
2000	3	4.7	4.8	60.3
2002	3	4.7	4.8	65.1
2003	1	1.6	1.6	66.7
2004	3	4.7	4.8	71.4
2005	2	3.1	3.2	74.6

续表

房屋建造年份	频数（人）	百分比（%）	有效百分比（%）	累计百分比（%）
2007	3	4.7	4.8	79.4
2009	1	1.6	1.6	81.0
2010	3	4.7	4.8	85.7
2011	2	3.1	3.2	88.9
2012	2	3.1	3.2	92.1
2014	2	3.1	3.2	95.2
2016	3	4.7	4.8	100.0
合计	63	98.4	100.0	
系统缺失	1	1.6		
合计	64	100.0		

河源村民建造房屋平均每套房子花费3.76万元。最少的花费是一千元，最多的花了15万元。从建造房屋花费多少钱的频数分布来看，有一半的村民建造房屋的成本在2.4万元以下（见表1-25）。

表1-25 房屋建造成本

房屋建造成本（万元）	频数（人）	百分比（%）	有效百分比（%）	累计百分比（%）
0.10	2	3.1	3.3	3.3
0.20	4	6.3	6.6	9.8
0.30	1	1.6	1.6	11.5
0.40	4	6.3	6.6	18.0
0.50	1	1.6	1.6	19.7
0.60	1	1.6	1.6	21.3
0.80	1	1.6	1.6	23.0
0.90	1	1.6	1.6	24.6
1.00	2	3.1	3.3	27.9
1.30	1	1.6	1.6	29.5
1.50	3	4.7	4.9	34.4
1.60	1	1.6	1.6	36.1
1.80	1	1.6	1.6	37.7
2.00	7	10.9	11.5	49.2
2.40	1	1.6	1.6	50.8
3.00	3	4.7	4.9	55.7

续表

房屋建造成本（万元）	频数（人）	百分比（%）	有效百分比（%）	累计百分比（%）
3.50	1	1.6	1.6	57.4
4.00	4	6.3	6.6	63.9
4.50	1	1.6	1.6	65.6
5.00	7	10.9	11.5	77.0
6.00	2	3.1	3.3	80.3
7.00	1	1.6	1.6	82.0
8.00	4	6.3	6.6	88.5
9.00	2	3.1	3.3	91.8
10.00	2	3.1	3.3	95.1
12.00	2	3.1	3.3	98.4
15.00	1	1.6	1.6	100.0
合计	61	95.3	100.0	
系统缺失	3	4.7		
合计	64	100.0		

二 河源村民的生活设施

河源村民最主要的采暖措施是炉子。调查显示，河源村由于地处高寒山区，每家每户都有火塘。除了取暖、做饭以外，村民们的业余时间也是在火塘边打发掉的。炉子（53.1%）和炕（25.0%）是河源村民最主要的取暖设施（见表1-26）。当笔者走入村民家中的时候，村民总是习惯性地先邀请我来烤火。河源村有很多人家已经有专门的厨房，和火塘是分开的。但是厨房主要用来使用电饭煲以及储存粮食，最主要的做饭地点还是火塘。此外，从对村民们"最主要的炊事用能源"的使用状况也可以判断，100%的村民使用柴草来做饭，这里说的做饭指炒菜，煮米饭都使用电饭锅。

表1-26　河源村民的取暖设施

取暖设施	频数（人）	百分比（%）	有效百分比（%）	累计百分比（%）
无	4	6.3	6.3	6.3
炕	16	25.0	25.0	31.3
炉子	34	53.1	53.1	84.4
其他	10	15.6	15.6	100.0
合计	64	100.0	100.0	

图1-13　笔者在河源村村委会与驻村工作队和乡长座谈

（罗静拍摄，2016年12月）

河源村大多数（82.8%）的村民使用太阳能热水器淋浴。村支书杨阿云介绍村子里曾经有安装太阳能的项目，所以安装率比较高（见表1-27）。

在河源村调查居民饮水问题比想象中的困难，因为对于居住在山上的村民来说，水从山上汩汩而下，接根水管引入家中，在管子的一头接上水龙头便是"自来水"。因此在64位受访者中，有25位（占到总数的39.1%）村民的回答是"其他水源"，但是有

92.2%的村民家中有"管道供水入户"(见表1-28和表1-29)。

表1-27 淋浴设施

淋浴设施	频数(人)	百分比(%)	有效百分比(%)	累计百分比(%)
无	8	12.5	12.5	12.5
电热水器	1	1.6	1.6	14.1
太阳能	53	82.8	82.8	96.9
空气能	1	1.6	1.6	98.4
其他	1	1.6	1.6	100.0
合计	64	100.0	100.0	

表1-28 主要饮用水源

主要饮用水源	频数(人)	百分比(%)	有效百分比(%)	累计百分比(%)
经过净化处理的自来水	6	9.4	9.4	9.4
受保护的井水或泉水	11	17.2	17.2	26.6
不受保护的井水或泉水	22	34.4	34.4	60.9
其他水源	25	39.1	39.1	100.0
合计	64	100.0	100.0	

表1-29 管道供水情况

管道供水情况	频数(人)	百分比(%)	有效百分比(%)	累计百分比(%)
管道供水入户	59	92.2	92.2	92.2
管道供水至公共取水点	4	6.3	6.3	98.4
没有管道设施	1	1.6	1.6	100.0
合计	64	100.0	100.0	

2016年,丽江市老君山地区的平均降水量与往年相仿,但是降水的时间分布十分不均。夏季集中下了大暴雨,导致山体塌方,从剑川县进入河源村的道路被堵了两

个星期。但是在其他季节，降水又比往年少。河源村包括14个村民小组，整体面积有108平方公里，在如此大的地理范围内每个村民小组的情况差别很大。因此统计数据呈现的结果比较分散：有24.7%的村民"单次取水往返时间超过半小时"，有40.0%的人"当年连续缺水时间超过15天"，有30.6%的人"无上述困难"。

三 河源村民的家庭耐用消费品

河源村民家庭耐用消费品的拥有情况如下。彩电和洗衣机几乎所有人家都有，平均每家一台：彩电的拥有率是97%，洗衣机的拥有率是94%。电冰箱的拥有率是30%（见表1-30）。轿车的拥有率比较高，达20%，拥有数量远高于摩托车。这是因为河源村地处高山地带，轿车几乎成为出行的必备交通工具。

表1-30 家庭耐用消费品拥有数量

样本		彩电（台）	空调（台）	洗衣机（台）	电冰箱（台）	电脑（台）	固定电话（部）
样本	有效	64	63	64	64	64	64
	缺失	0	1	0	0	0	0
均值		0.97	0.00	0.94	0.34	0.03	0.02
中值		1.00	0	1.00	0	0	0
众数		1	0	1	0	0	0
极小值		0	0	0	0	0	0
极大值		1	0	1	1	1	1

河源村民农业机器的拥有数量很少，耕作机械的拥有率也是30%。这跟河源村的地形有关。河源村地处高山，很少有大片的平缓的土地，大多数耕种用地都在斜坡上，这样就限制了耕作机器的使用。而且，村民的主要经济来源是林下经济，包括采蘑菇、养蜜蜂等，这些产业同样难以适用大面积的机械作业。河源村的64位受访者家庭全部拥有手机，手机平均每家有2.75部，智能手机平均每家有1.7部。最多的一个家庭拥有5部手机（包括智能手机和普通手机）。结合实地调研的结果可以发现，在河源村每个成年人基本都配备一部手机，即便是低保家庭也是这样，手机作为基本通信工具已经普及，并且成为生活必需品。同时，64位被访者家庭中，只有10户人家没有智能手机，最多的一个家庭拥有4部智能手机（见表1-31）。

表1-31 智能手机拥有情况

智能手机拥有情况	频数（人）	百分比（%）	有效百分比（%）	累计百分比（%）
无	10	15.6	15.6	15.6
1	19	29.7	29.7	45.3
2	20	31.3	31.3	76.6
3	10	15.6	15.6	92.2
4	5	7.8	7.8	100.0
合计	64	100.0	100.0	

河源村民家中都没有互联网宽带，也没有有线电视。因为河源村的村民小组居住十分分散，很多村子只有几户人家居住，因此花费高成本架设有线宽带电视和互联网是不现实的。实际上，尽管村民家中没有互联网宽带和有

线电视，但这并没有妨碍村民使用互联网进行交流，村民们使用卫星电视收看电视节目也是日常的娱乐活动。河源村村委会所在的河源村民小组甚至还有村民的微信群。有时候村民外出或者回村想搭个顺风车，群里发个消息就行了。截至2019年春节，河源村有4G信号的村民小组有8个，分别是松坪、磨石河、荞地坪、大栗坪、峰坪、河源、石红上、石红下。此外有移动信号但无4G信号的有6个村民小组，分别是白岩、大麦地、牛住山、老屋基、新房、单岭。其中磨石河村民小组的各居住点和大麦地小组的水塘箐居住点还没有手机信号。

河源村民拥有轿车的比例是比较高的，在64位被访者中有13位家庭拥有轿车，2位拥有卡车，11位拥有拖拉机。村民们对轿车的理解跟城市里有一定区别。村民理解四个轮子的汽车中，只要不是拖拉机和卡车的都算轿车。

第二章

河源村民的收支与致贫原因

云南省是贫困人口较多的省。根据2015年的统计，云南省16个州市所辖的129个县，有绝对贫困人口127.29万人，低收入人口213.41万人。2015年1月，习近平总书记新年首个调研地点选择了云南，当时习近平总书记就云南的情况强调要"坚决打好扶贫开发攻坚战，加快民族地区经济社会发展"，足见脱贫任务对于云南的重要性。云南省的贫困人口多与其地理因素有很多关系，云南的山区面积占了相当大部分，山区的贫困人口是云南省脱贫攻坚的重点和难点。同时，云南省贫困人口众多还有一个与其他省份不同的特点，就是少数民族贫困人口多。云南省尽管不是少数民族自治区，却是中国世居少数民族种类最多、特有民族最多、人口较少民族最多、民族自治地方最多、实行区域自治的民族最多的省

份。① 因此云南省的贫困原因既有全国农村地区的普遍性，也有其特殊性。

第一节 河源村民的收入与支出

一 河源村民的收入

河源村虽然是省级贫困村，但是现在缺衣少食的情况已经没有了。抽样调查数据也显示，2015年没有村民家有挨饿的情况，2015年家庭纯收入为32396.89元。收入中最多的是工资性收入，均值为16469.02元，占家庭总收入的50.84%。农业经营收入达7886.77元，非农业经营收入达5886.23元，财产性收入达141.94元（见表2-1）。

表2-1 2015年河源村民收入情况

家庭收入（元）	样本（人）	极小值（元）	极大值（元）	均值（元）
2015年家庭纯收入	62	2200	184200	32396.89
农业经营收入	62	0	30000	7886.77
非农业经营收入	62	0	100000	5886.23

---

① 全国55个少数民族中，云南就有51个，少数民族总人口达1533.7万人，占全省总人口的33.4%，其中5000人以上的世居民族有25个，特有少数民族有15个（30万人以下的8个）。

续表

家庭收入（元）	样本（人）	极小值（元）	极大值（元）	均值（元）
财产性收入	62	0	5000	141.94
工资性收入	61	0	132000	16469.02
有效样本	62			

河源村民平均财产性收入是141.94元，在所有收入类型中是最低的，因为财产性收入的种类所限，实际上拥有这项收入的村民人数较少，平均到所有被访者身上时便显得较少。我们将以下六类收入都归入财产性收入，分别是赡养收入，低保金收入，养老金、离退休金收入，报销医疗费，礼金收入，补贴收入（救济、农业）。在所有的财产性收入中，补贴性收入是最多的，其次是礼金收入，赡养收入是最少的（见表2-2）。

表2-2　2015年河源村民各类财产性收入统计

财产性收入（元）	样本（人）	极小值（元）	极大值（元）	均值（元）
赡养收入	62	0	2800	45.16
低保金收入	62	0	5048	376.84
养老金、离退休金收入	62	0	2800	632.26
报销医疗费	61	0	20000	1263.72
礼金收入	62	0	30000	1403.23
补贴性收入（救济、农业）	61	0	7366	2722.79
有效样本	62			

在所有受访者中，有赡养收入的只有一位村民，他2015年得到的赡养收入为2800元。在64位被访者中，仅有9位被访者有低保金收入，最少的880元，最多的5048元。有8位被访者有养老金、离退休金收入，最少的为600元，最多的为2800元。低保金是按照人数支付的，本统计表表中的

数据是按照家庭计算的。有些家庭会有几位低保人口，所以表中所列金额的计算单位为家庭（见表2-3）。

表2-3 2015年河源村民低保金收入

低保金收入（元）	频数（人）	百分比（%）	有效百分比（%）	累计百分比（%）
0	53	82.8	85.5	85.5
880	1	1.6	1.6	87.1
1680	1	1.6	1.6	88.7
1716	1	1.6	1.6	90.3
2226	1	1.6	1.6	91.9
2288	1	1.6	1.6	93.5
2400	1	1.6	1.6	95.2
3000	1	1.6	1.6	96.8
4126	1	1.6	1.6	98.4
5048	1	1.6	1.6	100.0
合计	62	96.9	100.0	
系统缺失	2	3.1		
合计	64	100.0		

抽样调查结果显示，在64位受访者中除去2位没有回答这个问题，27位村民有离退休金收入，占所有64的42.2%，金额为600~2800元（见表2-4）。

表2-4 2015年河源村民养老金、离退休金收入

养老金、离退休金收入（元）	频数（人）	百分比（%）	有效百分比（%）	累计百分比（%）
0	35	54.7	56.5	56.5
600	1	1.6	1.6	58.1
1100	4	6.3	6.5	64.5
1200	14	21.9	22.6	87.1
1600	2	3.1	3.2	90.3
2000	1	1.6	1.6	91.9
2200	1	1.6	1.6	93.5
2400	3	4.7	4.8	98.4
2800	1	1.6	1.6	100.0
合计	62	96.9	100.0	
系统缺失	2	3.1		
合计	64	100.0		

有18位村民报销了医疗费，最少的报销了1000元，最多的报销了20000元，这18位村民占所有受访者（去除三个遗失数据）的29%（见表2-5）。

表2-5 2015年河源村民报销医疗费

报销医疗费金额（元）	频数（人）	百分比（%）	有效百分比（%）	累计百分比（%）
0	43	67.2	70.5	70.5
1000	1	1.6	1.6	72.1
1200	1	1.6	1.6	73.8
1260	1	1.6	1.6	75.4
1400	1	1.6	1.6	77.0
2000	1	1.6	1.6	78.7
2400	1	1.6	1.6	80.3
3000	1	1.6	1.6	82.0
3150	1	1.6	1.6	83.6
3500	2	3.1	3.3	86.9
3960	1	1.6	1.6	88.5
4000	1	1.6	1.6	90.2
4200	1	1.6	1.6	91.8
4210	1	1.6	1.6	93.4
5000	1	1.6	1.6	95.1
5947	1	1.6	1.6	96.7
7360	1	1.6	1.6	98.4
20000	1	1.6	1.6	100.0
合计	61	95.3	100.0	
系统缺失	3	4.7	3.1	
合计	64	100.0		

河源村民有10位村民在2015年有礼金收入，占受访村民的16%。其中最少的1000元，最多的30000元（见表2-6）。

表2-6 2015年河源村民礼金收入

礼金收入（元）	频数（人）	百分比（%）	有效百分比（%）	累计百分比（%）
0	52	81.3	83.9	83.9
1000	1	1.6	1.6	85.5
2000	3	4.7	4.8	90.3
3000	1	1.6	1.6	91.9
7000	1	1.6	1.6	93.5
10000	1	1.6	1.6	95.2
15000	2	3.1	3.2	98.4
30000	1	1.6	1.6	100.0
合计	62	96.9	100.0	
系统缺失	2	3.1		
合计	64	100.0		

河源村民普遍都有农业补贴收入。在64位被访村民中，3位没有回答该问题，1位村民没有该项收入，其他的60位村民或多或少都有这项收入。最少的为441元，最多的为7366元（见表2-7）。

表2-7 2015年河源村民农业补贴性收入（救济、农业及其他）

补贴性收入（元）	频数（人）	百分比（%）	有效百分比（%）	累计百分比（%）
0	1	1.6	1.6	1.6
441	1	1.6	1.6	3.3
499	1	1.6	1.6	4.9
572	2	3.1	3.3	8.2
592	1	1.6	1.6	9.8
700	1	1.6	1.6	11.5
750	2	3.1	3.3	14.8
1000	1	1.6	1.6	16.4
1558	1	1.6	1.6	18.0
1800	1	1.6	1.6	19.7
1900	1	1.6	1.6	21.3
2000	2	3.1	3.3	24.6
2100	1	1.6	1.6	26.2
2123	1	1.6	1.6	27.9
2149	1	1.6	1.6	29.5
2150	1	1.6	1.6	31.1
2158	1	1.6	1.6	32.8
2200	2	3.1	3.3	36.1
2238	2	3.1	3.3	39.3

续表

补贴性收入（元）	频数（人）	百分比（%）	有效百分比（%）	累计百分比（%）
2246	1	1.6	1.6	41.0
2308	1	1.6	1.6	42.6
2321	1	1.6	1.6	44.3
2328	1	1.6	1.6	45.9
2365	2	3.1	3.3	49.2
2371	1	1.6	1.6	50.8
2400	1	1.6	1.6	52.5
2442	1	1.6	1.6	54.1
2451	1	1.6	1.6	55.7
2500	3	4.7	4.9	60.7
2505	1	1.6	1.6	62.3
2579	1	1.6	1.6	63.9
2600	1	1.6	1.6	65.6
2639	1	1.6	1.6	67.2
2706	1	1.6	1.6	68.9
2721	1	1.6	1.6	70.5
2760	1	1.6	1.6	72.1
3000	1	1.6	1.6	73.8
3303	1	1.6	1.6	75.4
3361	1	1.6	1.6	77.0
3523	1	1.6	1.6	78.7
3550	1	1.6	1.6	80.3
3600	1	1.6	1.6	82.0
4155	1	1.6	1.6	83.6
4352	1	1.6	1.6	85.2
4378	1	1.6	1.6	86.9
4500	1	1.6	1.6	88.5
4531	1	1.6	1.6	90.2
5106	1	1.6	1.6	91.8
6000	1	1.6	1.6	93.4
6771	1	1.6	1.6	95.1
6957	1	1.6	1.6	96.7
7340	1	1.6	1.6	98.4
7366	1	1.6	1.6	100.0
合计	61	95.3	100.0	
系统缺失	3	4.7		
合计	64	100.0		

就抽样调查的情况来看，除了外出务工以外，国家政策性的农业补贴和农业救济是河源村民比较大的一部分现金收入。

二 河源村民的支出

抽样统计数据显示，河源村民2016年的平均总支出为14737.88元，最大的三块支出分别是食品支出、教育总支出、礼金支出，分别为4200.00元、3978.79元、3460.00元，分别占28.5%、27.0%、23.5%。此外，报销后医疗总支出占到总支出的17.7%（见表2-8）。

表2-8 2016年河源村民家庭生活消费支出

家庭生活消费支出（元）	样本（人）	极小值（元）	极大值（元）	和（元）	均值（元）
总支出	60	1520	44750	884273	14737.88
食品支出	59	0	20000	247800	4200.00
报销后医疗总支出	59	0	10000	153623	2603.78
教育总支出	58	0	31270	230770	3978.79
养老保险费	60	0	2000	17700	295.00
合作医疗保险费	60	0	900	26780	446.33
礼金支出	60	0	15000	207600	3460.00
有效样本	60				

在河源村民所有支出中，非农业经营支出要大大高于农业经营支出。农业经营支出有1651.77元，非农业经营支出有2332.95元（见表2-9）。

表2-9 2016年河源村民支出

支出（元）	样本（人）	极小值（元）	极大值（元）	均值（元）
农业经营支出	62	0	8520	1651.77
非农业经营支出	61	0	50000	2332.95
有效样本	62			

河源村民对 2016 年的家庭收入总体上满意度较高，有 80.3% 的人觉得自己的收入一般，有 16.4% 的人觉得自己的收入较低。感觉自己收入较高和非常低的人比例都是 1.6%（见表 2-10）。

表 2-10　2016 年河源村民收入自我评估

收入自我评估	频数（人）	百分比（%）	有效百分比（%）	累计百分比（%）
较高	1	1.6	1.6	1.6
一般	49	76.6	80.3	82.0
较低	10	15.6	16.4	98.4
非常低	1	1.6	1.6	100.0
合计	61	95.3	100.0	
系统缺失	3	4.7		
合计	64	100.0		

河源村民对自己家庭收入比较满意和一般的人占所有被访者的 77.1%，没有被访者回答非常满意。对自己家庭收入不太满意和很不满意的比例有 23.0%（见表 2-11）。

表 2-11　2016 年河源村民家庭收入满意度自测统计

收入满意度自测表	频数（人）	百分比（%）	有效百分比（%）	累计百分比（%）
比较满意	9	14.1	14.8	14.8
一般	38	59.4	62.3	77.1
不太满意	12	18.8	19.7	96.7
很不满意	2	3.1	3.3	100.0
合计	61	95.3	100.0	
系统缺失	3	4.7		
合计	64	100.0		

此外，从另一个角度的测评也可以得出同样的结论。调查问卷让被访者对自己的收入进行满意度打分，1分是非常满意，2分是比较满意，3分是一般，4分是不太满意，5分是非常不满意。统计结果显示被访者的平均回答得分是3.11分，中位数是3分，众数是3分。整体评价结果为一般（见表2-12）。

表2-12　2015年河源村民家庭收入满意度统计

样本	有效	61人
	缺失	3人
均值		3.11分
中值		3分
众数		3分
极小值		2分
极大值		5分

从以上抽样调查的数据来看，河源村民尽管大部分时间仍然在村中，但是日常需要现金支出的地方除了医疗和教育以外，还有大量食品支出，说明村民日常食品从市场中购入很多。

三　河源村民的存款

调查发现，河源村民普遍不愿意将自己的家庭存款告诉被访者，对于这点也是可以理解的。在64位被访者中，有51位表示家中没有存款。在13位有存款的家庭中，存款最多的为40000元（见表2-13）。

表2-13 河源村民自述截至2015年年底的家庭存款

河源村民存款（元）	频数（人）	百分比（%）	有效百分比（%）	累计百分比(%)
0	51	79.7	79.7	79.7
1000	2	3.1	3.1	82.8
10000	1	1.6	1.6	84.4
16	1	1.6	1.6	85.9
2000	1	1.6	1.6	87.5
20000	1	1.6	1.6	89.1
3000	1	1.6	1.6	90.6
30000	1	1.6	1.6	92.2
4000	1	1.6	1.6	93.8
40000	1	1.6	1.6	95.3
50	1	1.6	1.6	96.9
5000	1	1.6	1.6	98.4
8000	1	1.6	1.6	100.0
合计	64	100.0	100.0	

四 养老

在农村，养老是农民最关心的问题。64位被访者中，63位（98.5%）村民参加了新农保，1位村民自己购买了商业保险。同样，64位被访者中，有63位（98.5%）村民参加了城乡居民基本养老保险。在问及"你将来养老靠什么"的时候，33.1%的村民回答靠子女，32.5%的村民回答靠养老金，还有12.9%的村民回答靠个人储蓄（见表2-14）。

表2-14 河源村被访者自述将来养老依靠类型

养老依靠类型（多选）	响应 样本（人）	响应 百分比（%）	个案百分比（%）
子女	54	33.1	84.4
个人储蓄	21	12.9	32.8
养老金	53	32.5	82.8
个人劳动	2	1.2	3.1

续表

养老依靠类型（多选）	响应 样本（人）	响应 百分比（%）	个案百分比（%）
其他	1	0.6	1.6
说不清	32	19.6	50.0

抽样调查的结果显示,在64位被访者中,有49位(76.6%)村民觉得自己养老有保障,有15位(23.4%)村民觉得说不清,没有村民认为自己的养老没有保障。从抽样调查的数据来看,河源村民的医疗和养老仍然是一笔非常大的开支,且是村民最为担忧的问题。所幸的是,现在农村实行的社会保障制度对医疗和养老的覆盖已经基本满足了一般村民的需求。

第二节 河源村民的致贫原因：生病

一 抽样调查显示的致贫原因

笔者抽样调查的结果显示,河源村"最主要的致贫原因"中排第一位的是生病,占所有致贫原因的40.7%;第二位的是上学,占29.6%。这两项加在一起的比例是80.3%。生病和子女就学仍然是河源村民的主要致贫原因(见表2-15)。

表2-15 河源村民自述最主要致贫原因

致贫原因	频数（人）	百分比(%)	有效百分比(%)	累计百分比(%)
生病	11	17.2	40.7	40.7
残疾	4	6.3	14.8	55.6
上学	8	12.5	29.6	85.2
缺劳力	1	1.6	3.7	88.9
缺资金	3	4.7	11.1	100.0
合计	27	42.2	100.0	
系统缺失	37	57.8		
合计	64	100.0		

除了村民单项选择的主要致贫原因以外，调查中让村民对致贫原因进行多项选择，调查发现，排名前三的致贫原因分别是缺技术（17.6%）、缺资金（14.3%）、缺水（13.4%）（见表2-16）。

表2-16 河源村民自述致贫原因

致贫原因（多选）	响应 样本（人）	响应 百分比（%）	个案百分比（%）
生病	13	10.9	46.4
残疾	5	4.2	17.9
上学	7	5.9	25.0
灾害	6	5.0	21.4
缺土地	1	0.8	3.6
缺水	16	13.4	57.1
缺技术	21	17.6	75.0
缺劳力	11	9.2	39.3
缺资金	17	14.3	60.7
交通条件落后	14	11.8	50.0
自身发展动力不足	4	3.4	14.3
其他	4	3.4	14.3

二 驻村工作队统计的建档立卡户致贫原因

2015~2016年期间,驻村工作队队员通过实地走访和入户调查,对河源村的144户建档立卡户的致贫原因进行了摸底,并对每一户都单独做了记录和分析,后期给予相应的帮扶措施。驻村工作队队员对于144户建档立卡户的致贫原因进行了归类,共归纳了7类,分别是因残、因学、缺资金、因病、缺技术、缺劳动力、发展动力不足。至于"发展动力不足",便是本身没有通过生产改善生活的意愿,即俗称的"懒"。河源村144户建档立卡户的致贫原因详细如下:

(1)因残14户,

(2)因学26户,

(3)缺资金35户,

(4)因病2户,

(5)缺劳动力2户,

(6)发展动力不足2户,

(7)缺技术62户,

2014年纳入35户148人,剔除1户1人。

退出34户158人(2017年人口数)。

——驻村工作队《工作日志》

抽样调查的数据显示,生病是村民们最主要的致贫原因之一。河源村民无论是从事农业生产还是外出务工,都是赚取劳动所得，因此强健的身体是村民可持续生产和脱贫的基础。家庭一旦有劳动力生病，不仅仅意味着要花费一大笔医药费，而且劳动力的折损还直接影响家庭收入。在抽样调查的64位村民中，有42位村民回答家中有不健康的人，比例高达2/3。调查的过程中，我们发现村民在调查人员面前倾向于将家庭成员的身体状况描述得比较糟糕。

笔者在调查过程中对于村民们所患疾病种类进行了记录。结果发现村民所患最多的疾病是风湿，这与河源村所处的高山高寒的地理环境有关系。河源村位于海拔3000米的高海拔地带，即使山下是酷暑时节，山上的夜晚仍然需要火炉取暖。对于其他病种，村民说不出病的具体名称，还有比如更年期、痔疮、骨质增生、胆结石、肢体疼痛、手脱臼等疾病。这一方面说明村民的保健意识比较强，另一方面也表现了村民日常生活中的艰辛和不易（见表2-17）。

表2-17 河源村民自述的患病种类

患病种类	频数（人）	百分比(%)	有效百分比(%)	累计百分比(%)
健康	22	34.4	34.4	34.4
残疾	1	1.6	1.6	35.9
长期慢性病	1	1.6	1.6	37.5
痴呆症	1	1.6	1.6	39.1
胆结石	1	1.6	1.6	40.6
肺部感染	1	1.6	1.6	42.2
肺炎	1	1.6	1.6	43.8
风湿	6	9.4	9.4	53.1

续表

患病种类	频数（人）	百分比(%)	有效百分比(%)	累计百分比(%)
妇科	1	1.6	1.6	54.7
肝硬化	1	1.6	1.6	56.3
高血压	3	4.7	4.7	60.9
更年期	1	1.6	1.6	62.5
骨折	1	1.6	1.6	64.1
骨质增生	3	4.7	4.7	68.8
脚残疾	1	1.6	1.6	70.3
精神	1	1.6	1.6	71.9
聋哑	1	1.6	1.6	73.4
慢性胃炎	1	1.6	1.6	75.0
乳腺炎	1	1.6	1.6	76.6
肾结石	3	4.7	4.7	81.3
手筋断	1	1.6	1.6	82.8
手脱臼	1	1.6	1.6	84.4
手指残疾	1	1.6	1.6	85.9
糖尿病	1	1.6	1.6	87.5
痛风	1	1.6	1.6	89.1
意外伤害	1	1.6	1.6	90.6
支气管炎、慢性病	1	1.6	1.6	92.2
肢体	1	1.6	1.6	93.8
肢体残疾	1	1.6	1.6	95.3
肢体疼痛	1	1.6	1.6	96.9
痔疮	1	1.6	1.6	98.4
坐骨神经	1	1.6	1.6	100.0
合计	64	100.0	100.0	

在42位家庭中有患病人口的被访者中，85.7%（36位）的村民表示疾病的严重程度是"一般"，有14.3%

（6位）的村民患病程度为"严重"。这些患病的村民，在2016年需要治疗的有73.8%（31位），有26.2%（11位）的村民不需要治疗。在所有被访的64位村民中，一共有52位被访者在2016年患过各种不同程度的病，在患病的被访者中，有42.3%（22位）的村民在2016年得病的时候自行买药治疗，有23.1%（12位）的村民进行门诊治疗，有26.9%（14位）的村民住院治疗（见表2-18）。

表2-18 河源村患病村民2016年治疗情况

治疗情况	响应 频数（%）	响应 百分比（%）	个案百分比（%）
没治疗	1	1.9	2.4
自行买药	22	42.3	52.4
门诊治疗	12	23.1	28.6
住院	14	26.9	33.3
其他	3	5.8	7.1

在64位被访者中，有38位被访者2016年的治疗过程产生了费用，平均每位花费4638.95元，自费部分2791.11元（见表2-19）。

表2-19 河源村民2016年治疗总费用

治疗费用（元）	样本（人）	极小值（元）	极大值（元）	和（元）	均值（元）
治疗总费用	38	0	28000	176280	4638.95
自费部分	38	0	8000	106062	2791.11
有效样本	38				

表 2-20 2016 年河源村民报销医疗费

报销医疗费（元）	频数（人）	百分比（%）	有效百分比（%）	累计百分比（%）
0	43	67.2	70.5	70.5
1000	1	1.6	1.6	72.1
1200	1	1.6	1.6	73.8
1260	1	1.6	1.6	75.4
1400	1	1.6	1.6	77.0
2000	1	1.6	1.6	78.7
2400	1	1.6	1.6	80.3
3000	1	1.6	1.6	82.0
3150	1	1.6	1.6	83.6
3500	2	3.1	3.3	86.9
3960	1	1.6	1.6	88.5
4000	1	1.6	1.6	90.2
4200	1	1.6	1.6	91.8
4210	1	1.6	1.6	93.4
5000	1	1.6	1.6	95.1
5947	1	1.6	1.6	96.7
7360	1	1.6	1.6	98.4
20000	1	1.6	1.6	100.0
合计	61	95.3	100.0	
系统缺失	3	4.7		
合计	64	100.0		

在 42 位患病的被访者中，有 11 位没有治疗。这些村民没有治疗的主要原因如下：45.5% 的村民选择"其他原因"，而"经济困难"和"不重视"都不是最主要的原因，数据很难体现村民生活背后的复杂面貌（见表 2-21）。

表 2-21 2016 年河源村民生病没治疗的原因

生病没治疗的原因	频数（人）	百分比（%）	有效百分比（%）	累计百分比（%）
经济困难	3	4.7	27.3	27.3
不重视	2	3.1	18.2	45.5
小病不用医	1	1.6	9.1	54.5
其他	5	7.8	45.5	100.0
合计	11	17.2	100.0	
系统缺失	53	82.8		
合计	64	100.0		

整体来讲河源村民们的疾患状况并不是太严重。在行走方面71.4%的村民没有问题，不能行走的比例是2.4%（见表2-22）。

表2-22 河源村患病村民行走方面是否有问题

行走方面	频数（人）	百分比(%)	有效百分比(%)	累计百分比(%)
没问题	30	46.9	71.4	71.4
有点问题	7	10.9	16.7	88.1
有些问题	4	6.3	9.5	97.6
不能行走	1	1.6	2.4	100.0
合计	42	65.6	100.0	
系统缺失	22	34.4		
合计	64	100.0		

自述患病的被访者中，大部分人（78.6%）在洗漱或者穿衣服方面可以照顾自己（见表2-23），有1/3的人可以进行日常活动（见表2-24）。

表2-23 河源村患病村民在洗漱或穿衣方面是否可以照顾自己

洗漱或穿衣方面	频数（人）	百分比(%)	有效百分比(%)	累计百分比(%)
没问题	33	51.6	78.6	78.6
有点问题	7	10.9	16.7	95.2
有些问题	1	1.6	2.4	97.6
有严重问题	1	1.6	2.4	100.0
合计	42	65.6	100.0	
系统缺失	22	34.4		
合计	64	100.0		

表2-24 河源村患病村民日常活动是否有问题

日常活动	频数（人）	百分比(%)	有效百分比(%)	累计百分比(%)
没问题	14	21.9	33.3	33.3
有点问题	14	21.9	33.3	66.7
有些问题	12	18.8	28.6	95.2
有严重问题	1	1.6	2.4	97.6
不能进行任何活动	1	1.6	2.4	100.0
合计	42	65.6	100.0	
系统缺失	22	34.4		
合计	64	100.0		

在不考虑村民实际所患疾病的情况下，绝大多数（95.2%）的村民感觉"身体有疼痛或不适"的程度比较轻，只有4.8%的村民感觉疼痛或者不适（见表2-25）。

表2-25 河源村民自述身体是否有疼痛或不适

身体是否有疼痛或不适	频数（人）	百分比(%)	有效百分比(%)	累计百分比(%)
没有	1	1.6	2.4	2.4
有一点	14	21.9	33.3	35.7
有一些	25	39.1	59.5	95.2
挺严重	2	3.1	4.8	100.0
合计	42	65.6	100.0	
系统缺失	22	34.4		
合计	64	100.0		

在家庭中有病患的被访者中，感到"有一点"或"有一些"焦虑或压抑的比例有88.1%。没有焦虑或压抑以及焦虑或压抑挺严重的比例都不高，分别是9.5%和2.4%（见表2-26）。

表 2-26　河源村民自述是否感到焦虑或压抑

是否感到焦虑或压抑	频数（人）	百分比(%)	有效百分比(%)	累计百分比(%)
没有	4	6.3	9.5	9.5
有一点	9	14.1	21.4	31.0
有一些	28	43.8	66.7	97.6
挺严重	1	1.6	2.4	100.0
合计	42	65.6	100.0	
系统缺失	22	34.4		
合计	64	100.0		

对于被访者家中第二位病患的统计结果跟第一位病患相似。在64位被访者中有48位回答了该问题，其中有16位被访者患有病痛，村民们只能大概指出自己病痛的部位，比如"老年病""肾痛""胃病""慢性心脏病"，这些病症的名称并不是专业的医学术语（见表2-27）。

表 2-27　河源村民家里第二位患病的种类

患病种类	频数（人）	百分比(%)	有效百分比(%)	累计百分比(%)
健康	48	75.0	75.0	75.0
残疾	1	1.6	1.6	76.6
肺气肿	1	1.6	1.6	78.1
风湿	2	3.1	3.1	81.3
高血压、胃炎	1	1.6	1.6	82.8
老年病	1	1.6	1.6	84.4
慢性心脏病、高血压	1	1.6	1.6	85.9
脑囊肿	1	1.6	1.6	87.5
肾痛	1	1.6	1.6	89.1
驼背	1	1.6	1.6	90.6
胃病	1	1.6	1.6	92.2
哮喘	1	1.6	1.6	93.8
腰部借助钢板	1	1.6	1.6	95.3
腰椎间盘突出	1	1.6	1.6	96.9
中风	1	1.6	1.6	98.4
子宫肌瘤	1	1.6	1.6	100.0
合计	64	100.0	100.0	

被访者家庭中儿童接受计划免疫的比例非常高。被访村民中有7岁以下儿童的有10户，其中80%都接受了计划免疫。现在河源村民的卫生保健意识都比较强。

村委会干部徐阿花自1998年以来担任河源村的妇女主任兼计生宣传员，就在她担任计生宣传员的初期，河源村民的卫生保健意识还非常落后，甚至不能接受去医院生孩子。在短短十几年时间里，村民们的观念都改变了，现在产妇都到乡医院去生产，没有人在家里生孩子了。徐阿花给我们讲了一个她的经历：

> 有一次X村的一个产妇难产，我去看了。那时候的路比现在难走，我也没有车。就走了4个小时到那户人家里去。产妇那个情况我看必须要去医院，不能在家里生，但是产妇家人都不同意。我就一直跟他们说，过了好长时间产妇还没生，家属也有点着急了。后来找人抬去乡里生的。到了乡里，医生说再晚一点就非常危险了。总之，以

图2-1 玉龙县人民医院为河源村民义诊
（徐国花拍摄，2017年6月）

前跟村民做工作很难的，他们都是老观念，一定要在家里生，现在不一样了，现在生孩子都是去医院生。

另一方面，河源村民卫生保健意识增强也与最近这些年乡里组织的各种卫生下乡活动有关。

从抽样调查数据来看，健康是河源村民的头等大事，不分年龄阶段。村民不论是外出务工，还是在家务农，赚取的都是劳动所得，几乎没有投资性收入，因此村民收入的基本保障就是身体。而现实情况是村民年轻时是获取劳动收入的黄金时间，长年的重体力劳动透支了健康，因此农村老年人的身体状况比城市老年人要差很多，村民消费中医疗费支出的比重更大。

第三节　河源村民贫困原因：上大学

一　子女就学状态

笔者对河源村民家中未成年子女的情况进行了抽样调查，在64位被访者中有51位回答了这个问题。其中21位（41.2%）家中没有3~18岁的未成年子女，12位（23.5%）村民家中有一位，18位（35.3%）村民家中有两位（见表2-28）。

表 2-28　河源村被访者家庭中 3~18 岁子女的人数

3~18 岁子女（位）	频数（人）	百分比(%)	有效百分比(%)	累计百分比(%)
0	21	32.8	41.2	41.2
1	12	18.8	23.5	64.7
2	18	28.1	35.3	100.0
合计	51	79.7	100.0	
系统缺失	13	20.3		
合计	64	100.0		

河源村民家中两位 3~18 岁子女基本上跟父母生活在一起。92.6% 的村民家中第一个子女与父母一起生活（见表 2-29），有 94.7% 的村民家中第二个子女同父母一起生活（见表 2-30）。河源村尽管外出务工的人员比例不低，但仍会有一位家长在家中务农，因此调查显示绝大多数孩子都跟父母一起生活，留守儿童的比例很低。另外，河源完小是一所全寄宿制小学，某种程度上也解决了留守儿童的问题。

表 2-29　河源村被访者第一个子女跟谁一起生活

第一个子女和谁一起生活	频数（人）	百分比(%)	有效百分比(%)	累计百分比(%)
父母	25	39.1	92.6	92.6
父亲一方	1	1.6	3.7	96.3
独自生活	1	1.6	3.7	100.0
合计	27	42.2	100.0	
系统缺失	37	57.8		
合计	64	100.0		

表2-30 河源村被访者第二个子女跟谁一起生活

第二个子女和谁一起生活	频数（人）	百分比（%）	有效百分比（%）	累计百分比（%）
父母	18	28.1	94.7	94.7
母亲一方	1	1.6	5.3	100.0
合计	19	29.7	100.0	
系统缺失	45	70.3		
合计	64	100.0		

家中有3~18岁子女的村民中，他们的这些子女大多还在读中小学，第一个和第二个子女还在读中小学的比例分别为74.1%和73.7%。河源村民的孩子基本上都在河源完小读小学，初中去九河乡，高中就去玉龙县。有95.8%的村民家中第一个孩子上学全部在玉龙县内解决。调查结果显示，所有河源村民的3~18岁子女都在公办的学校就读。被访的河源村民对孩子的就学情况基本上是满意的。对第一个孩子学习比较满意和非常满意的有84.6%，对第二个孩子学习比较满意的有93.3%。

二 上学住校或通勤情况

抽样调查显示，被访村民的孩子，有80%住校。调研了解到，可以自己走路上学的只有荞地坪和河源两个村民小组的孩子，其余12个村民小组以村小组为单位，由学生家长按照学生人数每个月固定付费给专门的面包车司机，由面包车负责每个星期接送学生上下学。面包车接送孩子的费用根据村民小组距离学校路程远近而有所不同。整体来讲,由于河源村的学生在小学阶段大部分住校,因此交通不是问题。

三 教育投入

调查数据显示,受访者第一个孩子上学的直接费用平均为3600.80元。但是,从调查数据的频数分布来看,有52%的被访者第一个孩子上学的直接费用(包括学费、书本费、住校费、在校伙食费)在1000元以下(见表2-31)。

表2-31 河源村被访者第一个孩子的教育投入与支出

第一个孩子的教育投入与支出(元)	样本(人)	极小值(元)	极大值(元)	均值(元)	标准差
上学的直接费用	25	0	18000	3600.80	5044.024
上学的间接费用	26	0	5000	760.77	1077.764
赞助费、借读费	22	0	0	0.00	0.000
收到的教育补助	23	0	4500	1098.48	974.945
收到的教育捐款	23	0	500	21.74	104.257
有效样本	26				

抽样调查结果显示,第一个孩子上学的间接费用[①]是平均每年760.77元。从数据的频数分布来看,53.8%的村民第一个孩子上学间接费用在400元及以下(见表2-33)。

———————
① 上学的间接费用包括交通费、校外住宿费、伙食费、陪读费。

表 2-32　河源村被访者第一个孩子 2015 年上学的直接费用

第一个孩子上学的直接费用（元）	频数（人）	百分比（%）	有效百分比（%）	累计百分比（%）
0	6	9.4	24.0	24.0
100	1	1.6	4.0	28.0
300	1	1.6	4.0	32.0
500	1	1.6	4.0	36.0
700	1	1.6	4.0	40.0
1000	3	4.7	12.0	52.0
1200	1	1.6	4.0	56.0
1920	1	1.6	4.0	60.0
3500	2	3.1	8.0	68.0
5000	3	4.7	12.0	80.0
7000	1	1.6	4.0	84.0
7300	1	1.6	4.0	88.0
12000	1	1.6	4.0	92.0
16000	1	1.6	4.0	96.0
18000	1	1.6	4.0	100.0
合计	25	39.1	100.0	
系统缺失	39	60.9		
合计	64	100.0		

表 2-33　河源村被访者第一个孩子 2015 年上学的间接费用

第一个孩子上学的间接费用（元）	频数（人）	百分比（%）	有效百分比（%）	累计百分比（%）
0	5	7.8	19.2	19.2
50	2	3.1	7.7	26.9
180	1	1.6	3.8	30.8
200	1	1.6	3.8	34.6
300	3	4.7	11.5	46.2
400	2	3.1	7.7	53.8
500	1	1.6	3.8	57.7
600	2	3.1	7.7	65.4
800	1	1.6	3.8	69.2
1000	4	6.3	15.4	84.6
1600	1	1.6	3.8	88.5
2000	1	1.6	3.8	92.3
2500	1	1.6	3.8	96.2
5000	1	1.6	3.8	100.0

续表

第一个孩子上学的间接费用（元）	频数（人）	百分比（%）	有效百分比（%）	累计百分比（%）
合计	26	40.6	100.0	
系统缺失	38	59.4		
合计	64	100.0		

从以上表格可以看出，第一个孩子上学发生的直接费用中，有50%的村民在1000元以下（见表2-32），间接费用有68.8%的人在400元以下。统计数据显示，第一个孩子收到的教育补助平均为1098元，从频数分布来看，47.8%的村民收到的教育补助在900元及以下。在所有被访者中，只有1位村民收到教育捐款500元（见表2-34）。

表2-34 河源村被访者2015年第一个孩子收到的教育补助

第一个孩子收到的教育补助（元）	频数（人）	百分比（%）	有效百分比（%）	累计百分比（%）
0	2	3.1	8.7	8.7
250	2	3.1	8.7	17.4
500	1	1.6	4.3	21.7
620	2	3.1	8.7	30.4
650	1	1.6	4.3	34.8
750	2	3.1	8.7	43.5
900	1	1.6	4.3	47.8
1000	5	7.8	21.7	69.6
1025	1	1.6	4.3	73.9
1300	1	1.6	4.3	78.3
1500	1	1.6	4.3	82.6
1900	1	1.6	4.3	87.0
2250	1	1.6	4.3	91.3
2500	1	1.6	4.3	95.7
4500	1	1.6	4.3	100.0
合计	23	35.9	100.0	
系统缺失	41	64.1		
合计	64	100.0		

统计数据显示，河源村民第二个孩子上学的直接费用平均为980.71元，低于第一个孩子（见表2-35）。因为数据显示，河源村第一个孩子平均就读年级是6.4年级，也就是说有几个河源村民的孩子已经在乡里或者县里读初中和高中，因此产生的直接费用比较高。第二个孩子的平均就读年级是4年级，基本全部都在河源完小就读，因此产生的教育直接费用比第一个孩子要低。同样理由，第二个孩子产生的教育间接费用也比第一个孩子低，平均为179.38元（见表2-35）。因此，整体来讲，在中小学阶段产生的教育费用对于河源村民来说不构成负担。教育费用真正对家庭财务构成严重影响，是在孩子上大学以后。

表2-35 河源村被访者第二个孩子的教育投入与支出

第二个孩子教育投入与补助（元）	样本（人）	极小值（元）	极大值（元）	均值（元）	标准差
上学的直接费用	14	0	7500	980.71	1957.956
上学的间接费用	16	0	800	179.38	250.079
赞助费、借读费	14	0	0	0	0
收到的教育补助	14	0	1800	646.43	568.556
收到的教育捐款	13	0	0	.00	.000
有效样本	16				

第二个孩子上学的直接费用比较低，一年基本上不超过1000元，在调查过程中笔者了解到，这部分费用主要是给孩子买书本的钱。

表 2-36　河源村被访者第二个孩子 2015 年上学的直接费用

第二个孩子上学的直接费用（元）	频数（人）	百分比(%)	有效百分比(%)	累计百分比(%)
0	2	3.1	14.3	14.3
50	1	1.6	7.1	21.4
100	1	1.6	7.1	28.6
150	1	1.6	7.1	35.7
200	1	1.6	7.1	42.9
250	1	1.6	7.1	50.0
300	1	1.6	7.1	57.1
500	1	1.6	7.1	64.3
600	1	1.6	7.1	71.4
880	1	1.6	7.1	78.6
1200	1	1.6	7.1	85.7
2000	1	1.6	7.1	92.9
7500	1	1.6	7.1	100.0
合计	14	21.9	100.0	
系统缺失	50	78.11		
合计	64	100.0		

河源村第二个孩子上学的间接费用很少（见表 2-37），因为第二个孩子大部分都处在义务教育阶段。

表 2-37　河源村被访者第二个孩子 2015 年上学的间接费用

第二个孩子上学的间接费用（元）	频数（人）	百分比(%)	有效百分比(%)	累计百分比(%)
0	3	4.7	18.8	18.8
20	1	1.6	6.3	25.0
50	3	4.7	18.8	43.8
100	4	6.3	25.0	68.8
150	2	3.1	12.5	81.3
600	2	3.1	12.5	93.8
800	1	1.6	6.3	100.0
合计	16	25.0	100.0	
系统缺失	48	75.0		
合计	64	100.0		

河源村的抽样调查显示，所有被访者都没有缴纳赞助费、借读费等额外费用。问卷调查的数据显示，河源村民的第二个孩子收到的教育补助平均有646元。

表2-38 河源村被访者2015年第二个孩子收到的教育补助

第二个孩子收到的教育补助（元）	频数（人）	百分比（%）	有效百分比（%）	累计百分比（%）
0	2	3.1	14.3	14.3
250	5	7.8	35.7	50.0
500	1	1.6	7.1	57.1
1000	4	6.3	28.6	85.7
1500	1	1.6	7.1	92.9
1800	1	1.6	7.1	100.0
合计	14	21.9	100.0	
系统缺失	50	78.1		
合计	64	100.0		

中央政府在农村义务教育上进行了大量的财政转移支付，故目前农村家庭在义务教育的阶段个人投入非常少。中央政府2006年免除了西部地区和部分中部地区农村义务教育阶段5200万名学生的全部学杂费，为3730万名家庭经济困难学生免费提供教科书，为780万名寄宿生补助生活费。2006年中央和地方财政分别安排农村义务教育经费保障机制改革资金150亿元和211亿元，并对部分专项资金实行国库集中支付，资金直达学校，平均每学年每个小学生减负140元、初中生减负180元。中央财政教育专项转移支付由2002年的48.69亿元增加到2006年的

167.97亿元，年均增长36.3%，占专项转移支付总额的比重由2002年的2%提高到3.8%。①

此次调查结果显示，根据云南省丽江市和玉龙县"控辍保学"措施的要求，九河乡教委和河源完小每年按照户籍信息对全村所有村民进行一次全面排查。自脱贫攻坚工作开展以来，河源村已经没有一个义务教育阶段辍学的学生，近三年来每年入学率都是100%。此次抽样调查的数据显示，河源村64位被访者中有4位被访者的第一个孩子失学或辍学，其中因为上学费用高，承担不起的只有1位，其他3位孩子因其他原因而失学或辍学。有3户被访者家中的第二个小孩失学或辍学，原因都是其他。针对此次抽样数据的结果我们进行了专门访谈，这些辍学的孩子都属于"两后生"，即初中毕业后和高中毕业后，均不属于义务教育阶段的辍学。总体来看，在义务教育阶段河源村没有辍学的学生。

在走访村民的过程中笔者了解到，村民们所谓的"因学致贫"，主要是指孩子上大学给家庭造成的生活负担很重，而在义务教育阶段的教育投入并不会对村民们的生活造成压力。孩子上大学后，学费和住宿费每年至少需要1万元，这已经是最低的水平了，如果一个家庭有两个大学生在读，经济压力会非常大。河源村的大学生"村官"和阿木是河源村人，他家兄弟二人，全部上了大学，他告诉我："我们家房子是村子里最破的，因为我哥哥和我都读大学了，家里没钱盖房子。"

---

① 金人庆：《国务院关于规范财政转移支付情况的报告》，2007年6月27日。

笔者在新房村民小组到村民李阿坤家进行参与式观察，他的大女儿在浙江读大学，儿子2016年参加高考，不出意外的话也会考取大学，因此未来几年他的经济压力会非常大，但是他家又不是建档立卡户，因为他有一辆面包车，因此他不能享受国家精准扶贫的政策。对这种情况的家庭，河源村委会一般都是给予低保作为补偿。村委会干部李阿平对此是这样看的：

> 我们也知道他是缺钱的，但是他的确不符合建档立卡户的规定，所以村委会只能给他两个低保。村子里还有这样的情况，家里平时的情况还过得去，就是一有小孩上大学就老火（恼火）了，一般家里有读大学的，我们都会照顾低保。没办法，农民就是缺钱嘛，现在吃饭是没问题的。

大学学费给村民们造成了极大的经济负担，而大学助学贷款的受助范围还是很有限的，仍然有很多贫困家庭的大学生拿不到助学贷款。驻村工作队队员张阿菊认为现在孩子上大学对于他们两口子都是公务员的家庭来说也是一个比较大的负担，更何况对于没有什么稳定现金收入的农民家庭。而且，现在大学毕业生工作后的工资收入也大大低于预期，在短时间内很难回报原来的家庭：

> 家里有孩子上大学，就是两口子都是公务员的也要存好久的钱，孩子上学每个月生活费太贵了，每个月1800……孩子毕业后就失业，就业不了……读大学回到

丽江当收银员，一个月只有2000块。

九河乡政府的干部和阿强当过20年的村委会干部，他认为国家在教育方面的扶贫政策目前主要集中在义务教育阶段，农民真正需要资金的是在大学阶段，国家有助学贷款等帮扶政策，但是覆盖面显然不够，他认为：

> 所以精准扶贫要注重教育脱贫政策的出台，与此相关的措施也要跟上，实现各州都有义务教育或者大学教育获得资金支持，农村地区或贫困户孩子上学有学费支持，更有助于农村的发展。

九河乡政府干部杨阿山认为尽管供养大学生会造成暂时的生活困难，但是从长远来看，农民家庭的脱贫还是要靠教育。因此九河乡政府对于家里有考上大学的村民也会给予资金支持，因为教育才是使农民脱贫的长久之计。

> 受教育程度好的，他们外出读书、打工的，打工回来后自己起了房子的有很多。所以我们河源村委会给贫困户国家低保政策时，终极理念就是给在学校里读书的，你家庭条件再好一点，我们再扶他一把，因为出去一个大学生改变了整个家庭的生活习惯，出去两个大学生改变了这个家庭的整个命运。

第三章

河源村精准扶贫实施的难点：
　贫困户的精准识别和退出

云南省玉龙县人民政府《2017年工作计划》对于全县实施精准扶贫有非常详细的目标：深入实施精准扶贫，强化各类扶贫资源整合，统筹使用好扶贫、涉农资金。继续改善贫困地区的基础设施。加大产业扶持力度，力争实现70%贫困村具有特色农产业，基本形成"一村一品"的产业发展格局。持续推进易地扶贫搬迁。争取上级转移支付，加大贫困地区生态补偿力度。全面落实贫困家庭学生资助政策，实施贫困村薄弱学校改造工程。加强最低生活保障与社会救助制度的衔接，兜住民生网底。扩大贫困地区劳动力规范化技能培训，实施文化传承脱贫工程，更加重视多层次手工技艺传承人培训。用好定点帮扶、对口帮扶、结对帮扶力量，积极开展专家服务脱贫攻坚专项行

动,确保年度脱 1268 人。①

  河源村的脱贫计划也是玉龙县整体脱贫计划的一部分,在具体实施的过程中呈现出多元又复杂的面貌。河源村实施精准扶贫的工作难点是村里建档立卡户的精准识别工作,村里甚至发生过有人争当建档立卡户的情况。精准识别贫困户对于农村来讲是个有难度的事情,这个难题不仅仅是河源村,全国其他地区的农村也面临类似的情况:2014 年 4~10 月,全国扶贫系统组织了 80 万人进村入户,共识别 12.8 万个贫困村,8962 万贫困人口,并对这些贫困人口进行建档立卡,在电子系统中录入信息。2015 年 8 月~2016 年 6 月,全国扶贫系统又动员了近 200 万人开展建档立卡"回头看"工作,补录贫困人口 807 万,剔除识别不准人口 929 万。② 从全国几轮精准扶贫"回头看"的实践来看,要想精准地摸清农民的口袋是不容易的,因为农村生活是复杂的,又是时刻处在变动中的。

第一节 争当建档立卡户:有限的名额

  笔者初到河源村走访时,发现村委会在实施精准扶贫动态管理时最头疼的是不断有村民来争当建档立卡户,但

---

① 和红卫:《玉龙纳西族自治县人民政府工作报告》,2017 年 2 月 15 日。
② 《十八大以来中国脱贫攻坚图景》,http://www.sohu.com/a/160613598_301529。

九河乡给的名额有限。调研中,笔者询问九河乡和河源村干部关于贫困户名额的来历,从乡干部到村干部,再到驻村工作队的理解是不一样的,实际情况是大家都不知道河源村精准扶贫的贫困户名额是怎么确定的。驻村工作队的干部张阿福认为上级给了一个指定数字,他们就这么办了:

> 我们驻村扶贫工作队入驻以后,经过对当时在任的村组干部进行访问了解才得知,2013年开始报贫困户信息的时候,没有具体的条件和要求,上级只是给了一个指定数字。经过几次反复,最后才确定为145户。2014年建档立卡当年就脱贫的有35户159人,这35户就是指标的原因造成的。

九河乡政府的干部杨阿山负责河源村的精准扶贫实施工作,他经历了确定建档立卡户的全过程。九河乡自从2013年开始上报贫困户数,后来又多次修改,直到最后定下来145户,不过他也不明白河源村这145户的指标到底根据什么来制定的。

> 2013年,上面让我们报贫困户数,当时我们乡……所有贫困户全部报上去了……我们先往县扶贫办报,县向州报,再一级一级向上报……我们当时也不知道有这么一回事,河源村415户,当时好像全报上去了。后来报上去他们就说不行,到2014年时就真正来一次,建档

立卡的标准是人均收入低于2300元。当时也不知道怎么报，按人均纯收入算，全部都低于这个，后来我们改为人均可支配收入，那就更是问题了。

所有设置指标限制的活动都会出现竞争，精准扶贫在一开始也是这样，在过去两年时间里，各地方也爆出"争当贫困户"的现象。笔者在调研中发现河源村也存在这种状况，而且还很普遍。对于农村发生的"争当贫困户"现象，做了20年村干部的九河乡干部和阿强戏称，在各种类型的贫困中，应该还有"思想贫困"这一项类型，他讲了自己经历的村民"争当贫困户"的事情：

> 人的理念不对的话就是这样。以前我们村里有次识别贫困户，当时我是村委会主任，有一家男人经常在外面做些小工程，家里的生活基本上是中上等，评贫困户的时候那家媳妇反映给我说她家也贫困也要评贫困户。我说如果贫困指标里有一项"思想贫困"的话你家可以评，但是目前没有这一项，你就不能评。不论哪一条她们家都沾不上边。所以这是一个代表性的例子，现在老百姓有许多人都是这样，他思想上贫困，精准扶贫注入那么大资金，谁都想当贫困户，谁都不想脱去贫困的帽子，这就是个矛盾。一方面要杜绝数字脱贫，一方面要达到那个数字标准。

河源村也有类似的情况发生，驻村工作队干部在驻村一年多时间里，接待过很多村民来村委会反映情况，这些村民希望争取到村里的"支持",把他们列为建档立卡户。他们的理由有很多种,也有很多村民"无赖式"地要求帮助,驻村工作队干部张阿福讲了亲身经历的一件事情:

> 昨天有个建档立卡户,还不到50岁,一家三口,他有一个80多岁的妈妈,一个17岁的儿子,妻子受不了他的窝囊样,几年前就离婚了。他家就在村委会附近,口才一流。他家房子太破烂了,我们让他修一下房子,从去年到今天,我们不知跟他说了多少遍,也出了不少主意,可他每次都有客观(原因)找。昨天他大言不愧(惭)地跟我们说:"我不是因赌致贫,也不是因懒致贫,更不是因嫖致贫。我承认我是因酒致贫,以后有可能会因饭致贫的。"他这话把我气个半死。

九河乡和河源村委会的干部大概不知道这些名额的确定来自国务院扶贫办的《贫困人口规模分解参考方法》文件。2014年4月2日,国务院扶贫办印发了《扶贫开发建档立卡工作方案》的通知。在该工作方案的附件中有《贫困人口规模分解参考方法》,该参考方法对于如何确定该地区的建档立卡户数做了非常详细的规定。

从国务院扶贫办的《贫困人口规模分解参考办法》来看,村一级的建档立卡户指标是从上而下层层分解来的,这就造成了农村基层在甄别建档立卡户的时候有削足适履的感觉。云南省也及时认识到了这种做法带来的问题,云南省委副书记李秀领同志2017年在全省贫困对象动态管理工作会议上的讲话也提到了云南省开始实施精准扶贫政策的做法问题："我们一开始确定建档立卡户,包括起初的几轮'回头看',都有一个概念,就是实施规模控制,按照统计调查的农民人均收入的标准,计算出全省贫困人口的规模和贫困发生率,然后逐级分解,按这样一个规模来进行识别。"[1]当云南省政府意识到"规模控制"贫困人口和贫困发生率与实际情况相冲突,遂在2017年的8月全面改变了以前的这种做法,新的建档立卡户甄别政策里面已经取消了指标设置。于是河源村在2017年8月重新开始了新一轮的建档立卡户测评,这次新的测评不再设置指标,因此原来九河乡设置的一些规定也不再成为限制。

第二节 测算村民收入的困难：包子有肉不在褶上

在确定了建档立卡户的户数以后,如何按照要求将建档立卡户识别出来,在实际过程中也遇到阻碍,因为测算村民的家庭收入实际上十分困难,农民不像城市务工人员,收入可以明确地以工资计算。河源村农民的生计方式是多元化的,收入来源也是复杂的。如果仅仅凭村民自己报收入,这样的数字很难有说服力,而且村委会又没有权力去

---

[1] 李秀领在全省贫困对象动态管理工作会议上的讲话,2017年6月13日,根据录音整理。

查村民的银行账户。河源村民除了个别生活特别困难和生活条件特别好的，大部分村民的生活条件都差不多，因此当用收入线来衡量是否为贫困户的时候，很多村民的收入都处在临界值上，这样也容易造成村民之间的纷争。

一 充满变化的农村生活

九河乡的干部和阿强有20年的村干部经历，他也明显感觉到现在对农民收入的测算实在是太难了，因为农村人口的流动太大了，而农村的生活又总在变化之中：

> 从思路上，我认为精准扶贫也好或者以后出台什么政策也好，人是最根本的。现在几年也在做农业普查，每十年做一次，老百姓有时外出打工，有些做生意，人口都是流动的，我们无法掌握一家一户的经济收入。以前在生产队，每一家做了几天、每天的工分是多少、这家的粮食能得多少斤都有底数，但是现在根本不知道，我们也没权力去查银行账户，识别非常困难。（关于贫困情况）我们是可以看的，能看出来他家收入大约有多少。你看他牛就有三头。我刚才在他家转了一圈，好多都是农村必备的东西，只是他房子的问题，他家是建档立卡贫困户，虽然是这样一个问题，但（根据）他用的东西，我们估计大约，然后再问他们就知道了。那100%弄清是不可能的，所以我们需要甄别。我们还要公示的，村子还要开群众会议，这几个是建档立卡户，要询问村民

他们认可不认可，村子是要认可的，认可了就签字按手印，如果不是的，村民可以反映。也有群众来反映，都是这些问题。我今天早上就接到一个，她家以前不是建档立卡户，她家有三口人，两口子加一个小孩，小孩已经读六年级，她的丈夫去年生病起不来了，花费五六万块钱治病。小孩要读书，她还要照顾丈夫就没办法出去打工，这就是因病返贫。所以我就给他们说这样类型的可以拿建档立卡贫困户，这是因病返贫，是完全可以的。所以在农村、在基层很多问题是随时可以变的，给我们精准识别带来很多问题。包括也可能出现这样的问题，比如现在村民小组长不能享受这个政策，那他等下次换岗后，可能就是贫困户了。这就是为什么我们要识别这么多次，因为下面的情况都在变。

当今的河源村是一个开放的社区，几乎每户都有外出务工的，至于这户人家是否在城里买房、个人银行存款到底有多少钱等这些个人信息，村委会和驻村工作队是无法掌握的，只能以村民自己报的为准。因此，甄选贫困户只能根据表面的感觉标准来判断。九河乡总结的甄别经验是"五查五看"：一是确定贫困户的基本情况（定人头、看责任）；二是了解产业情况（定地头、看产业）；三是了解就业情况（定龙头、看就业）；四是看保障情况（定户头、看保障）；五是了解脱贫进展情况（定年头、看成效）。

二 复杂的农村生活：包子有肉不在褶上

农民的生活是复杂的，老百姓说"包子有肉不在褶上"，意思就是说即便有的人家住房比较破旧，貌似生活困难，但是顿顿有酒、餐餐有肉，生活质量实际是比较高的。有的村民家是新建的房子，但可能是举债好几万才建成的，每餐都是馒头咸菜充饥；有的家庭有家用轿车，可是这辆车是好几手的，仅花了几千元买的……驻村工作队的干部也认为即使"五查五看"以后，还是有遗漏的地方，因为这些年国家的惠农补贴给了农民一笔实实在在的收入，这个表面是看不出来的，这就增加了精准识别贫困户的难度，村委会干部要综合一个家庭方方面面的因素来考虑。驻村干部张阿福认为：

> 如房子装修好的，他家有两个大学生，我们看实际情况，外人看的话可能就会认为他家挺好的。但是只看表面现象是不准的，因为还有两个大学生或有贷款，所以我们也是全方位考虑。有些村民不愿意改善危房建设，有时我们一查有山林补贴，还有草补，还有一个农资综合补贴……这些都是纯收入。

仅仅依靠农民表面的生活来判断农民的贫富状况也有其不可靠的一面，尤其是农村表面的生活背后有很多不为人知的情况：

仅针对贫困户的识别是不可能完全准确的，因为老百姓的收入我们是无法掌握的。有些家庭是贫困户，但是在村子里却是有钱的，而这部分我们就不知道了；有些家庭有汽车和房子，但是银行里却负债二三十万，所有家产全部折价到负债的数额，这些是我们无法掌握的。所以不管是直观的入户调查还是询问贫困户当事人，调查的情况都不会完全准确。

三　争当贫困户

作为玉龙县重点贫困村的河源村，九河乡政府给予河源村的扶贫支持力度非常大，这是由九河乡政府统筹安排的，所以当第一批建档立卡户的扶持资金到位以后，村里由此产生了矛盾。因为要当建档立卡户，有村民小组长当天提出辞职，有人要退出低保。这些情况是九河乡政府和河源村委会未曾料想到的，因为在识别建档立卡户之初，所有人都没有料到政策支持的力度如此之大，九河乡干部回忆当时的情况说：

当时要往上报名单（建档立卡户），大家以为就是凑个数，谁也没想到后来政策这么好。当时规定吃低保的不能列入。有人就不报了，毕竟低保是拿现钱，这个只是上花名册。后来又调整过，有车的、城里有房的、家里有人吃公粮的、村三委的（村委会，村小组长）都不可以进建档立卡户名单。低保户进入建档立卡户的要拿掉，低保户说别给我建档了，还我低保。村小组长，每年给1800元劳务费，不能进入建档立卡户，就有村小组长当天提出辞职。

在河源村实施精准扶贫的每一步都有未曾料到的状况出现，究其原因就是"政策是死的，人是活的"，而生活又是复杂的。

第三节　河源村建档立卡户的退出

河源村实施精准扶贫的难点除了精准识别贫困户以外，如何让建档立卡户主动退出也是令九河乡政府和河源村干部们头疼的地方。河源村制定了建档立卡户的帮助和退出计划，在实际工作中也按照这个计划来安排。表3-1是河源村村委制定的建档立卡户退出计划，制定该计划的时间是2016年。

表3-1　河源村建档立卡户动态管理退出户数

年度	户数（户）	人口（人）
2014年	34	159
2015年	8	32
2016年	88	352
2017年	9	48
2018年以后	5	17
合计	144	608

中共中央办公厅、国务院办公厅印发了《关于建立贫困退出机制的意见》，要求贫困人口、贫困村、贫困县在2020年以前有序退出。贫困人口退出必须实行民主评议，贫困村、贫困县退出必须进行审核审查，原则上贫困村贫困发生率降至2%以下（西部地区降至3%以下），在乡镇内公示无异议后，公告退出。退出结果公示公告，让群众参与评价，做到全程透明。强化监督检查，开展第三方评估，确保脱贫结果真实可信。①

附件

省级党委和政府扶贫开发工作成效考核指标

考核内容	考核指标		数据来源	完成情况
1.减贫成效	建档立卡贫困人口减少	计划完成情况	扶贫开发信息系统	
	贫困县退出	计划完成情况	各省提供（退出计划、完成情况）	
	贫困地区农村居民收入增长	贫困地区农村居民人均可支配收入增长率(%)	全国农村贫困监测	
2.精准识别	贫困人口识别	准确率(%)	第三方评估	
	贫困人口退出			
3.精准帮扶	因村因户帮扶工作	群众满意度(%)	第三方评估	
4.扶贫资金	使用管理成效	绩效考评结果	财政部、扶贫办	

图3-1 中共中央办公厅、国务院办公厅印发《省级党委和政府扶贫开发工作成效考核办法》

---

① 《关于建立贫困退出机制的意见》，http://www.gov.cn/zhengce/2016-04/28/content_5068878.htm。

2017年，河源村实施了3年的精准扶贫，按照政策规定进入陆续退出阶段了。但是村委会发现退出建档立卡户和当初甄别建档立卡户的工作难度是一样的，贫困户都不想退出。河源村村委会干部李阿平认为不想退出贫困户说明了农民们思想还是太保守：

> 现在有的老百姓的思想就是不想脱贫。像我们这边特别是河源，老百姓的思想还是保守。我们一直想要在思想上走出去，我们走出去就会带动老百姓走出来，意识变了行动也就变了。

驻村工作队干部张阿福认为村民不想退出建档立卡户也可以理解，精准扶贫给每家每户的资源是很多的，从某种意义上讲，这是农民发展的"机遇"。

> 有些建档立卡户抓住机遇，经济状况就上了一个台阶。所以现在农村就是这样的情况，一有什么好政策就上来抢。例如工资，工资高个10元就会有不服的人。有时候开会就开不成，每次就那几个人在说，有人居然说国家政策一分也没有享受过，我说怎么可能，像粮食、惠农补贴和生产公益补贴哪家没有享受到，这都是国家给的。

2017年2月8日，河源村委会和驻村工作队召集新房组的10户建档立卡户开会，动员他们退出建档立卡户。

因为2016年的考核过后，这10户人家都符合退出建档立卡户的标准，但是没有一户写退出申请，会议内容就是要建档立卡户提交退出申请。

时间：2017年2月8日。

主持人：杨志云，记录人：张全福。

会议名称：建档立卡户户主会议（新房租）。

出席人：杨志云、李丽平、姚振洪、张全福、洪副队长、张秋菊、杜雨函、新房建档立卡户户主（十户）。

内容：

杨志云：

今天我们的会议主要内容：到目前为止我们河源村XX建档立卡户2016年脱贫户，没有一户按照上级要求给村委会、工作队写脱贫申请，我们乡政府、村委会、驻村工作组跟大家面对面了解一下不写的原因。

杨阿志、李阿羊半途离开，不写申请。

——河源村村委会《会议记录》

笔者跟随驻村工作队到一户建档立卡户走访，这户人家只有男主人和他成年的儿子居住。这户人家在加入建档立卡户后，村里用精准扶贫的资金给他家盖了新房子。家里的液晶电视机也是驻村工作队联系解决的。当笔者问他明年就不是贫困户了，高兴吗？他一直摇头不语。跟笔者同去的驻村工作队长见这情形十分气愤：

我原来开会时就说过,要感恩组织,等哪天我们不贫困了,如果有条件时……不可能每年都享受,低保什么的全部都要,国家全部给是给不了的。

当笔者准备离开的时候,这家男主人告诉我:

不想退出贫困户,是因为儿子还没结婚,(希望政府)还要给儿子盖房子。

最后的情况是,河源村民退出建档立卡户的申请,基本是驻村工作队和村委会一户一户跑下来的,因为建档立卡户都不愿意主动退出。

2017年7月27—29日

驻村工作队对贫情分析情况有出入的建档立卡户再进行"回头看"。对白岩、松坪、磨石河三个村组有争议的建档立卡户进行再走访。原白岩两户都不愿意退,但都已达到"两不愁、三保障"指标,原来还没有享受易地搬迁项目,怕脱了帽子享受不了国家政策。再三宣讲政策,村民接受了,高兴地签了字、填了表。

——驻村工作队《工作日志》

贫困户的甄别与退出都让驻村工作队员花费了很多脑筋,驻村工作队队长认为一味给予的扶贫政策需要反思。驻村工作队员们认为不能这么一味给予,而是要让他们有自力更生的想法：

建议国家制定适应各个地方实际、能够鼓励农村贫困户自发树立自信自立意识的政策，不完全是那种给予的政策。老百姓有想成为建档立卡户的，我们工作组要将其作为重点调查对象。遵循实事求是的原则，用事实说话，做到应纳尽纳。

第四章

河源村精准扶贫的实施：全民参与

九河乡所辖的每个行政村得到的产业帮扶资金并不是统一的,河源村是九河乡的重点扶贫村,所以得到的帮扶资金是最多的。河源村的建档立卡户每户得到15900元的产业帮扶资金和易地搬迁资金。河源村的建档立卡户得到的15900元产业帮扶资金由三部分组成:丽江农业局干部职工捐款(户均5800元)、三峡集团帮扶资金(户均6600元)、整村推进项目(户均3500元)。这笔钱对于农村生活来说是一笔不小的数目,如何把钱花得有效果,又不引起村民之间的矛盾让村干部们煞费心思。最终九河乡政府与驻村工作队以及河源村村委会一起,动员所有村民参与"贫情分析大会",使所有村民参与精准扶贫的实施过程。这样做将村民之间的矛盾在实施扶贫之初化解掉,为后面精准扶贫的顺利推进奠定了基础。河源村村委会的

干部们都是村中的致富能手，他们充分发挥了扶贫带头人的作用，由他们集体讨论并制定了针对建档立卡户的具体帮扶措施。

第一节　全体村民参与的贫情分析大会

由于河源村民生活的复杂性，以及村民对于国家精准扶贫政策的了解程度有限，河源村村委会和驻村工作队将工作重点放在了建档立卡户的识别工作上。在推进精准扶贫工作伊始，村委会动员全体村民参与讨论，使村民们的意见得到充分表达。从后来问卷调查的精准扶贫满意度来看，河源村村委会和驻村工作队的做法取得了良好的效果。

河源村驻村工作队、九河乡政府干部以及河源村委会干部们组成了4个贫情分析工作小组，深入各个村民小组，动员村民召开贫情分析大会，4个贫情分析小组一行24人（其中县农业局临时抽调4人），分别深入14个村民小组，组织召开了14次村民大会。在村民大会上，各村民小组的小组长、支部书记、村民代表以及党员同志们召集每户的户主，在会上把国家扶贫对象动态管理工作的要求、目标、任务传达到每一户，并让大家在贫情分析大会上对该村建档立卡户的选取充分表达意见。结果河源村全村参会人数达到560多人次，全村512户参会的家庭达到了空前的485户，户主参会率达94%，此举为精准识别建档立卡户打下了坚实的基础。

贫情分析工作小组组织每个村民小组召开贫情分析大会，要求本村民小组的所有户主都参会。在大会上，按照国家"两不愁、三保障"的标准，想要当建档立卡户的村民自己陈述理由，然后由每户的户主投票决定。经过这一轮贫情分析大会的村民集体讨论，建档立卡户的名单与之前驻村工作队通过摸底得到的名单是一致的，因此驻村工作队和村委会都感到十分自豪。图4-1到图4-6显示了部分村民贫情分析大会的工作照片。2017年7月26日的《工作日志》对贫情分析大会的过程有详细的记录。

村党总支和村两委、驻村扶贫工作队，根据市、县、乡各级党委、政府关于贫困对象动态管理工作的一系列部署和要求，认真按照以"两不愁、三保障"为标准，以"应退尽退、应纳尽纳、应扶尽扶"为目标的工作思路，目前已基本完成了第一阶段的工作，现将工作小结如下。

一、加强组织领导

1、成立了由驻村工作队队长任组长，村支部书记和村委会主任为副组长，各村党支部书记、小组长组成的扶贫对象动态管理工作领导小组。

2、由驻村工作队队员任小组长，成立4个贫情分析工作小组，分片负责各村小组的贫情分析工作。

二、扎实做好宣传动员工作

召开由村支部委员、村两委成员、驻村工作队、各村小组支部书记、村小组长、村民代表参加的宣传动员会议。分别由支部书记、工作队长、村委会主任就此次贫困对象动态管理工作的目的意义、相关政策、工作要求等做了详细部署和安排。同时要求与会人员，回到各自村组以后，力争把会议精神传达到每家每户。

三、认真开展贫情分析

1、全村512户。动态管理工作负责贫情分析的有4个小组、一行24人（其中县农业局临时抽调4人）。经过连续三天早出晚归，分别深入14个村民小组，组织召开了14次村民大会。各村小组的小组长、支部书记、村民代表以及党员同志们，认真负责地把这次扶贫对象动态管理工作的要求、目标、任务，在短短的两天之内做到了家喻户晓，结果是全村参会人数达到560多人次，参会户长达到了空前的485人。户长参会率达94%。为精准识别建档立卡户打下了坚实基础。

四、贫情分析结果

1、通过14个村小组分别召开的户长会议，由参会户长监督，让现有110户建档立卡户，以"两不愁，三保障"为标准，各自进行对照，并进行表态发言。评议结果共有106户达到脱贫标准（其中：牛住山组杨阿灿，7月18日已因病死亡，妻子已失联8年，原家庭人口两人，现有一个年仅13岁的儿子，今年小学刚毕业，属未成年人。已向上级孤儿救助部门为该少年申请救助），力求做到"应退尽退"。

2、402户非建档立卡户，让申请列入建档立卡户的个别户长，同样以"两不愁，三保障"为标准，向与会人员陈述理由，结果没有一个人得到参会户长认可。事实证明河源村村委会没有遗漏"应纳尽纳"的对象，同时也证明了先前的贫困对象建档立卡不存在漏评现象。

3、通过对照"两不愁，三保障"、贫困对象自我陈述、与会人员监督衡量，一致评定：石红上组杨阿见、河源组李阿才、磨石河组杨阿六和杨阿狗等4户还未达到脱贫标准，继续保留为建档立卡户。基本保证了"应扶尽扶"。

五、未脱贫户情况说明

1、磨石河组杨阿六，缅返人员，家庭人口4人，妻子患小儿麻痹，无劳动能力，两个孩子未成年。无田无地，一人要扶养三个人，家庭收入低于2952元。

2、磨石河组杨阿狗（7月22日已因病死亡），原家庭人口三人，他妈妈年纪快80岁了，他哥哥是智力障碍人士。在世的两个人都已丧失劳动能力，已无家庭劳动收入。

3、石红上组杨阿见，家庭人口两人，儿子肢体残疾，本人年事已高，父子俩基本丧失劳动能力，无劳动收入。

4、河源组李阿才，家庭人口三人，上有一个70多岁的老母亲，下有未成家的儿子，父子俩缺乏对家庭的计划安排，家庭经济收入低于2952元，居住地不通车，住房陈旧，墙体部分变形。

以上4户家庭情况各有不同，也各有特殊性，对他们如何研判定性，期待上级相关部门的积极指导！

——河源村委会、河源驻村扶贫工作队《工作日志》

2017年7月26日

图4-1　九河乡干部主持河源村贫情分析会

（张全福拍摄，2017年7月）

图4-2　河源村贫情分析会

（张全福拍摄，2017年7月）

第二节　河源村委会内部争论：制定帮扶措施

河源村建档立卡户的产业扶持资金是由九河乡统筹来的，九河乡党委对河源村的产业帮扶政策也提出了相应的规划。但是河源村村委会的干部却对乡里的产业规划提出了质疑，以往的扶贫经验使得村干部对乡里的扶贫产业在河源村发挥的作用感到担忧。九河乡的党委书记景阿春为了河源村能贯彻精准扶贫中的产业扶贫，多次到河源村村委会与村委会干部就此事召开会议。河源村的会议记录对此有详细的记录，下面是此次会议纪要：

（1）首先对河源村进行简单介绍。

（2）河源各村小组大部分村民加入各种合作社，由合作社规章制度制约，不许乱砍滥伐，主要目的是保护好森林。

（3）发动老百姓有规模地发展一些前景较好的产业，重点是推出生态有机农产品。

（4）发动群众发展旅游餐饮服务业。

（5）多做思想工作，加强宣传，从而提高老百姓生态保护意识，产业也就发展起来了，特别是养蜂产业发展很快，整个河源村已经有280多户养蜂，共3000多箱，每斤蜂蜜在50元左右。

（6）产业发展：有中药材种植合作社（天麻）、滇重楼、猪苓苓，养殖山羊500多只、黄牛1800多头。

（7）外出务工：2015年有300多人，人均收入3400元。

打造生态文明示范村:九十九龙潭景区旅游人数已达到1.5万人。

(8)环保方面,太阳能节能灯的安装、太阳能热水器的推广,还有生物多样性的保护。野生菌收入10000元。玉龙县农业局扶持50万元开展种养殖培训。

(9)100万元的整村推进项目。70%用于基础设施,30%用于产业扶持。

(10)加强基础设施建设。村委会网络及通信要加强,到村弹石路或X石路,垃圾处理点的设立,也要实施。

(11)(2016年)9月20号山洪洪涝灾害已经冲断了河源路和龙河路,造成通信中断、部分民居被淹、农作物受灾严重,已发动村民生态自救,对基础设施的重建要尽快实施。

——河源村《会议记录》

但是,九河乡的产业扶贫计划在河源村执行的时候首先受到了村委会成员的质疑。河源村干部杨阿云认为要产业扶贫,在资金和乡里的负责人没有实际到位的情况下,村里的工作也很难开展:

今天部长参加我们的会议,我想跟乡里反映几个问题:
①乡党委政府到目前为止,我们还搞不明白。
②乡党委政府还没有给我们明确乡党委政府由谁具体负责我们河源的扶贫工作。普米族整村推进项目到底如何实施,乡党委政府也没有一个具体的指示。
③产业扶持资金到目前为止也只是口头承诺数字,

具体多少、如何实施,我们也无从下手。

——河源村委会《会议纪要》

图 4-3　九河乡干部主持河源村贫情分析会

(张全福拍摄,2017 年 7 月)

图 4-4　驻村干部主持河源村贫情分析会

(张全福拍摄,2017 年 7 月)

图 4-5　驻村干部主持河源村贫情分析会

（张全福拍摄，2017 年 7 月）

图 4-6　九河乡和河源村干部主持河源村贫情分析会

（张全福拍摄，2017 年 7 月）

村委会的其他干部也担心，这种由上面"指导"的产业发展到底能不能真正发挥作用。九河乡河源村曾经给村民送种牛，结果牛被吃掉了。还有指导村民种中药材，但是中药材的市场行情波动太大，即使是乡干部也把握不准行情，所以村民跟着种植中药材，有时候还有赔钱的情况。河源村村委会干部也担心以前扶贫失败的事情重演：

> 现在的产业发展我们不能替老百姓作主，原因是以前有失败的经验教训。
>
> ——河源村委会《会议纪要》

九河乡干部也担心单纯给农民送东西，对于他们脱贫是否具有持久性帮助，过去多年的扶贫经验表明，仅仅给予农民物质上的帮助只是一时的成效，从长远来看村民的思想转变才是脱贫的永久之道：

> 本来这（精准扶贫）也是件好事，现在中央提出到2020年要全面实现小康。不过现在出来的指标全是物质上的，我在每个会议上都灌输这样一个理念，就是如果思想上不脱贫，那口袋是永远装不满的，永远会装穷，所以要让老百姓在思想上脱贫。我们扶贫政策实行了好几十年，像我们九河乡有个金普村，以前给他们从山东拉来奶牛，到现在一头牛都没有了，有的卖掉了，有的吃了，没有把这个产业发展起来。我们扶贫的宗旨一直提的是造血式的扶贫而不是输血式的扶贫，但这个造血一直造不起来。它其实还受地方区域固有习惯的影响，像我们河源它就做养殖业，它一百多年来的种植养殖模式就是这样，现在我们改变的就只是让品种、效益提高一点点，经济上提高一点。像你开药厂，就是玛卡、附

子等价格波动十倍八倍的，去年是好收成，没有好收入，所以在产业扶持各个方面，我们今年注入的资金相当多，然后号召贫困户没享受的就享受政策，但是不能享受的人心理上就不平衡了，村民之间都产生了矛盾，我们也不可能那么明确像把秤一样给称出来，我们只能在线下来了解情况。村里干部和评议小组来评议，但是这个评议小组不管怎么评都不可能让每一个村民心服口服。贫困家庭各个方面，可以说在经费上达标了，但是在理念上如果不到位，那生活的习惯、文明的习惯、卫生的习惯等是达不到小康的标准的。所以十多项指标中，其中有一项就是文化消费，像我们山区文化消费更多的是花在孩子身上，成年人的文化消费几乎是没有的，所以这方面国家一时还改变不了。

最后，经过九河乡政府和河源村村委会的讨论，河源村针对建档立卡户的产业政策由村委会集体讨论而定，扶贫方案的制定没有跟村民进行讨论，一方面是上报扶贫方案的时间太过紧张。2016年7与28日村委会接到通知，"乡党委政府要求在8月1日前把建档立卡户的产业计划报上去"，实际上村委会只有三天时间来完成这项任务。三天时间不够走完144户建档立卡户，不可能一家一户统计产业需求。另外一方面，河源村村委会的干部认为"一家一户统计也没必要"，因为"我们这个地方能养什么，能种什么，哪个缝里有钱，我们最清楚了"。

事实上，在上报建档立卡户的产业规划这件事情上，河源村的干部们的确很犯难。一方面是乡里要往上报规划，时间催得急，他们不可能每户走访，询问村民的意愿；另一方面，由村干部为村民制定产业计划，他们要承担很大的风险，因为谁也不能保证哪种作物或者牲畜在第二年一定会给村民带来丰厚的收益。如果第二年村民的收益不好，村民不能脱贫，最后这个责任谁来承担呢？几经商讨，最后村委会和驻村工作队通过会议一致决定了产业扶持的具体项目。

2016年7月28日，村委会

产业扶持计划规划碰头会

参加人员：洪学文、张全福、杨志云、李丽平。

建档立卡户产业扶持资金户均14000元，乡党委政府要求在8月1日以前，各村委会要把建档立卡户的产业计划详细……分类上报。我们村委会、工作组要分头到各家各户调查清楚。由于时间紧迫，我们不可能一家一户调查了解，只能分组集中进行。从明天开始进村开展工作。

另，目前最危急的情况是龙源路路况已经非常危险，请村委会当作一回事，逐级反映上报。

（1）产业发展计划请下去调查了解的同志，对户主详细了解询问。

（2）养殖产业主要是牛羊猪鸡。

（3）种植产业主要是药材。

——河源村委会《会议纪要》

精准扶贫的推进速度非常快,不到一个月的时间,九河乡政府统筹的扶贫资金已经到位。精准扶贫资金的发放要求与以往不同,这次需要提供发票,也就是说不能把这笔扶贫资金直接发放到村民手中,就是防止以前村民没有将扶贫资金用于发展生产而挥霍掉的情形出现,最后村委会开会讨论决定,将精准扶贫的资金打入河源村现有的农村合作社,由农村合作社开具发票,并帮助建档立卡户购买种牛等物资。

2016年8月23日,星期二,雨

参会人员:洪学文、张全福、杜雨函、张秋菊、李杏友、杨志云

已到资金:5800元/户(干部职工捐款,洪副队长、颜银山)

整族整村推进6600元/户

整村推进3500元/户

——合计15900元/户产业扶持资金

产业扶持资金已基本到位,但兑现金需要发票。

现在计划两个合作社,让挂钩户在自愿的基础上挂靠在已有的合作社,过合作社的账兑到村民(但要有正规发票),计划通过合作社进行运作,先打书面报告给乡里,等乡政府批复。

——河源村委会《会议纪要》

实际上,九河乡的干部对于如何利用精准扶贫的资金

帮助村民发展经济感到非常苦恼，因为农业生产是高应急低储备的生产类型，农产品或者农业经济作物受当年天气和市场价格的影响很大。对于明年种什么挣钱，河源村村委会的干部也很难判断，村支部书记杨阿云说：

> 脱贫的五个硬指标：水、电、路、房、经济来源。前面四个好说，但是经济来源这一项，市场经济是谁都无法左右的，今年玛卡，明年附子，神仙也不知道哪个赚钱。

九河乡政府和河源村村委会如此煞费苦心为村民的产业着想，他们的付出最终得到了村民们的认可。问卷调查显示，河源村的建档立卡户对于村干部们的安排普遍表示满意，认为为本村安排的扶贫措施"非常合适"和"比较合适"的比例一共有85.7%（见表4-1）。

表4-1 河源村民对本村安排的扶贫措施的评价

扶贫措施满意度	频数（人）	百分比（%）	有效百分比（%）	累计百分比（%）
非常合适	4	6.3	14.3	14.3
比较合适	20	31.3	71.4	85.7
一般	4	6.3	14.3	100.0
合计	28	43.8	100.0	
系统缺失	36	56.3		
合计	64	100.0		

此外,《工作日志》中记录了驻村工作队员对建档立卡户的回访,村民们对此也表示比较满意。

全体工作队员进村进行回访调查,(2016)8月3日召开会议决定的让河源老百姓自主选择扶贫项目所需的采购物资情况,大部分村民觉得比较满意。

——驻村干部《工作日志》

第三节　河源村建档立卡户的帮扶实施：整合资金

国家实施精准扶贫政策,目的是使扶贫资金真正落实到贫困户身上,这是精准扶贫政策与以往扶贫政策的最大不同。但是,中央政府并没有专项资金支持精准扶贫,实际上各地方都是自己统筹使用现有的资金,然后精准投放到建档立卡的扶贫工作上。

丽江市玉龙县通过各个途径整合扶贫资金,并且将扶贫资金向贫困地区倾斜,不同的行政村得到的帮扶资金不同。河源村是九河乡的重点贫困村,因此得到的产业资金是最多的。负责九河乡精准扶贫工作的驻村干部说:"河源村的产业扶贫资金可能在丽江市都是最高的"。

（建档立卡户帮扶标准）不是全省统一的，是各县自行统筹安排的，但我们玉龙县各地都不一样，连九河乡都不一样。两个贫困村最多，户均达15900元，其他村的建档立卡户只有5800元。全县拿财政工资的所有人员捐款情况如下：一般职工每人捐1000元，科级2000元，处级3000元。分到全县建档立卡户户均5800元。金普和河源的15900元是由干部职工捐款户均5800元、三峡集团帮扶产业资金户均6600元、整村推进项目产业扶持资金户均3500元构成的。我们九河的两个贫困村的扶贫标准在全乡、全县甚至是全市，应该是最高的。

产业扶贫是玉龙县实施精准扶贫的重点方向。2017年2月15日，玉龙纳西族自治县第十六届人民代表大会第一次会议上，县长提交的《玉龙纳西族自治县人民政府工作报告》强调了玉龙县的扶贫方向："重点发展生物医药和大健康产业。以企业为主体，以市场为导向，以优质原料基地产业、生物医药工业、医疗健康服务业、生物医药商贸业四大领域为重点，以做大存量、引入增量、扩大总量、优化结构为主线，以培育大企业、发展大品种、打造大品牌、构建大基地为目标，实现玉龙生物医药大健康产业蓬勃发展。着力建设优质原料基地25个，建成中药材标准化种植基地10万亩；着力培育龙头企业，重点培育10个以上有规模和影响力的优质种子种苗专业化经营公司，建成10个示范园。积极申请'国家地理标志产品'和'农产品地理标志'，申报国家级、省级'双创基地'。

通过五年努力,年产值突破8.7亿元,年均增长20%"。①

最近五年来,九河乡按照玉龙县的整体部署着重发展产业扶贫。九河乡整体按照"山区发展特色药材,坝区半山区发展烤烟和蔬菜"的总布局,以成规模、创品牌、增效益为目标,以农产业结构调整为抓手,加快推进烤烟、中药材、蔬菜、畜牧等高原特色产业发展。九河乡在金普、河源两个村共流转土地1540亩,打造以滇重楼、云木香、山嵛菜、续断、龙胆草、附子种植为主的特色种植示范园。目前九河乡发展核桃种植17000余亩,2015年烤烟产业实现年产值2630.23万元,九鑫、源龙、盛兴、易丰四个生产示范基地种植蔬菜784亩、蓝莓80多亩。以金普村为突破口,发展野山鸡、肉牛等特色养殖,2015年畜牧业收入达7201.9万元;通过"合作社+基地+村民"的方式发展稻田鱼养殖1460亩。成立一大批创新型专业合作社,梅兰菜、青刺果尖、猪肝渣等获得国家知识产权局认可专利、九河白族民族服饰商标图案获得外观包装专利。②

九河乡"十三五"时期经济社会发展的主要任务是按照"区域发展带动扶贫开发、扶贫开发促进区域发展"的基本思路,以落实"六个一批"精准扶贫为突破口,围绕2016年金普、河源退出贫困村,依照到2019年年末全乡建档立卡贫困户971人全部脱贫的目标要求,全面打赢脱

---

① 和红卫:《玉龙纳西族自治县人民政府工作报告》,2017年2月15日。
② 景灿春(中共九河白族乡委员会书记):《把握新常态抢抓新机遇开创新局面为全面建成民族团结进步和谐的美丽九河而努力奋斗——在中共九河白族乡第十二次代表大会上的报告》,2016年4月15日。

贫攻坚战。九河乡还因地制宜，结合贫困村和贫困户的实际情况，精准制定帮扶措施，加强与以挂钩单位为主的各级各部门沟通协调，争取更多的帮助支持。加大基础设施建设力度，争取更多项目投入，加大扶贫整村推进力度，加大易地扶贫搬迁力度，加大金普普米族整族帮扶精准脱贫力度，扩大扶贫贴息贷款规模，加大科技培训力度。加大产业扶贫力度，继续推进"企业＋合作社＋基地＋村民"的产业发展模式，大力发展高原特色种植、养殖业。通过争取社会保障对孤寡、残疾等丧失劳动能力的贫困户实施政策性兜底脱贫。按照精准扶贫的要求，做好项目安排，确保项目资金用在最贫困的村、最贫困的户、最需要办的事情上。①

九河乡政府对于精准扶贫的具体安排是综合运用"六个一批"脱贫组合拳，绘制路线图、排出时间表、实行倒计时，做到逐户销号、脱贫到人。通过实施金普、河源整村推进项目，整合各方面资金重点推进金普、河源省级重点贫困村扶贫开发工作；通过实施投资20万元的革命老区项目、实施投资30万元的贫困村互助资金项目、发放到户贴息贷款400万元等工作，统筹部门项目资金、发挥社会扶贫力量，形成惠及九河乡11个村的"大扶贫"格局。②

---

① 景灿春（中共九河白族乡委员会书记）：《把握新常态抢抓新机遇开创新局面为全面建成民族团结进步和谐的美丽九河而努力奋斗——在中共九河白族乡第十二次代表大会上的报告》，2016年4月15日。
② 杨叁山（九河白族乡人民政府代理乡长）：《立足新常态绘制新蓝图奋力新作为加快推进九河与全县同步全面建成小康社会而努力奋斗》，九河白族乡第十届人民代表大会第四次会议，2016年1月。

根据河源村村委会的统计，自精准扶贫政策实施以来，截至2016年12月，河源村到位基础设施建设项目资金共计493万元，硬化村级道路30公里，建设便民桥5座，购买水管1万米，有效解决了群众生产生活的难题。河源村分别利用三峡集团帮扶资金50万元建设河源村幼儿园；利用70万元完成村支部党员活动室建设和翻修村委会办公场所；利用250万元开工实施河源组、荠地坪组、大栗坪组入户村道12.4公里硬化项目；利用25万元为白岩组实施村道硬化工程，截至2017年6月已完成70%。

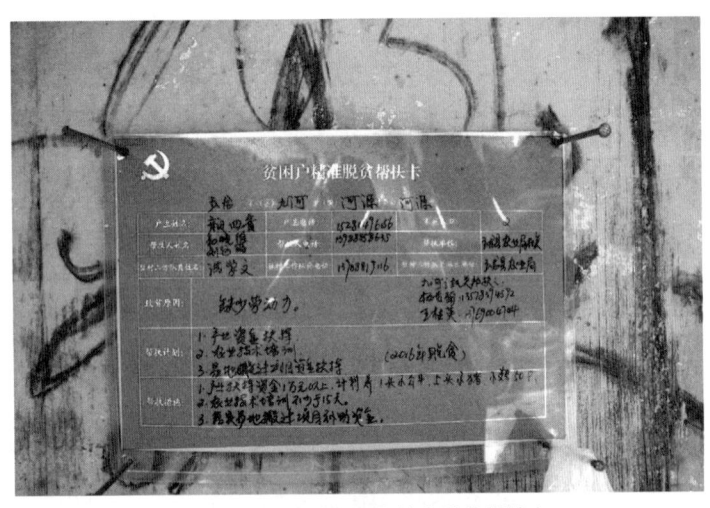

图4-7 河源村贫困户精准脱贫帮扶卡

（罗静拍摄，2016年12月）

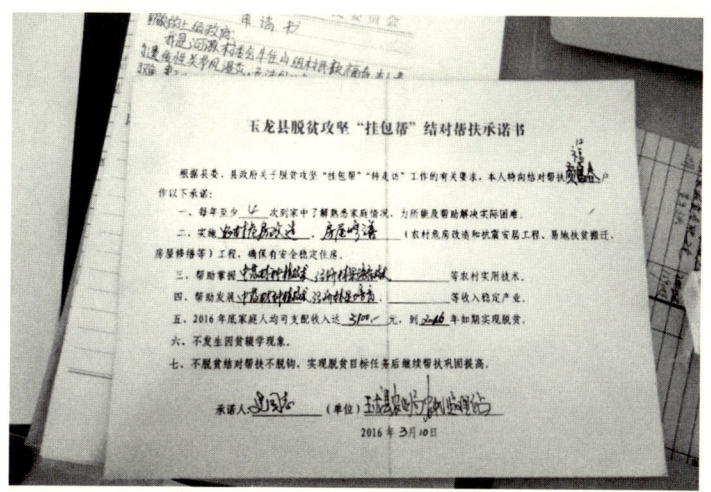

图 4-8　玉龙县"挂包帮"结对帮扶承诺书

（罗静拍摄，2016 年 12 月）

第五章

河源村实施精准扶贫的典型案例

五

河源村是一个由六个民族混合居住的行政村,在河源村的 14 个村民小组中没有一个单一民族聚居村,也就是说每一个村民小组都有多个民族的村民共同居住。各民族有自己的文化和习俗,比如傈僳族,在近代以来普遍信仰基督教,于是居住在不同地域的傈僳族群众经常因为从事宗教活动而迁移。此外,国家的民族政策中也有针对特少民族的支持,而这样本来出于好意的政策,在河源村这样多民族聚居的地区却造成了小小麻烦。

本章讲到河源村实施精准扶贫过程中的三个典型案例,分别是河源村从缅甸归国的傈僳族村民、河源村的特少民族普米族村民和 20 年前自发移民并定居在河源村的彝族村民。在这个三个案例中,九河乡政府和河源村村委会以及驻村工作队,根据实际情况,灵活运用政策,最终很好地完成了这三个少数民族的精准扶贫工作,群众的满意度很高。

第一节 河源村傈僳族"华侨"的精准扶贫

在河源村的磨石河村民小组,有几户从缅甸归国的村民,当地老百姓戏称他们为"傈僳族侨民村"。据村里的老人说,他们原本在河源村居住,20世纪90年代受到外面来的傈僳族传教士的蛊惑而去缅甸打工,一去就是十几年,2014年又回到河源村。①

一 离开

那个时期(大概在20世纪90年代中期),有一个从维西县那边过来的人来这里进行所谓的传教(基督教),并向一些村民宣传说可以去缅甸那边砍伐木头,采伐森林也能赚大钱,并且还能够在那里永久居住。有

---

① 傈僳族是中国西南地区的一个少数民族,现有约63万人,主要居于滇西北的怒江傈僳族自治州,云南周边地区及邻近的四川省也有零星分布。傈僳族语言属汉藏语系藏缅语族彝语支,族源上同彝族、纳西族较近。直至1949年新中国成立前后,怒江傈僳族的社会发展程度依然不高,仍旧保持不少原始遗风,以刀耕火种的原始农业为主,狩猎、采集为辅,实行以物易物的初级交换方式。社会生活中氏族制度残余仍颇明显,同一祖先的后代组成氏族(初俄),有名为虎、熊、猴、蛇、羊、鸡、鸟、鱼、鼠、蜂、荞、菜、竹、麻、船、柚木、犁。

图5-1　在河源村附近的黎明乡一个村庄教堂里找到的傈僳文《圣经》

（罗静拍摄，2017年5月）

的群众他懂，所以不信那个邪！而有的群众就信以为真了，当真了！

——村委会干部李阿平

正是受到外来传教人士的蛊惑，磨石河村民小组的村民鱼阿乐，带着村民羊阿里、杨阿见等四户人家共18人举家迁往缅甸，去那里生活和发展。1995年5月的一天，鱼阿乐一行人雇了一辆大客车从下关到了腾冲，然后从腾冲过境进入缅甸。临走之前的晚上，这四户傈僳族村民在村里宴请大家，并对村民们说他们此去不回来了！鱼阿乐现在回到了河源，又回到原来居住的磨石河村民小组。之所以回来是因为在缅甸做伐木的工作挣不了多少钱，生活条件太差了，实在生活不下去，他说：

> 我在缅甸曾经搬了5次家，一起的人有的还搬了7次。住的也很简单，一般住草房，好一点的会住牛毛毡房，所以一天时间基本就能把这些房子盖好了。在缅甸的生活总是漂泊不定，尽管有时确实也可以砍点木头挣点钱，但一年下来也就能赚到几千块，还是不够用。生活过得很苦，虽然也种点地，甚至还让养点猪之类的，但由于气候炎热，就是杀个猪肉也放不住，几天猪肉就发臭了！只得又跑到中缅边界去买，但路途遥远不方便。

在缅甸，除了生活上的艰苦以外，更为可怕的是生病和战争，这是最令他们感到不安的，跟鱼阿乐一起去的河源村民有些就因为生病而死在了缅甸：

> 单就因为发疟疾"打摆子"，就死了四个人，其中有的还年纪轻，才二三十岁，正是年轻力壮的时候，只可惜没有办法而死在那里了，所以医药是大问题。另外就是战事不时发生，人也处于惊恐状态，还去哪里找钱呢？

20世纪90年代，原丽江县（现丽江市）有关部门知道这一情况后曾经派人赴缅甸对此类人员进行返劝。鱼阿乐自己也于1998年回来过一次，并生活了一段时间，但是不知道什么原因，不久之后他又返回缅甸。笔者追问他为什么再次离开，他没有解释。

第二次返回缅甸四年以后，即2012年，鱼阿乐和当时一起去缅甸的两户傈僳族家庭一起再次回到河源村（2016年12月调研进行时，尚有一家当时一同去缅甸的村民没有回来），此时距离他们第一次离开河源村已经过去17年了。他们再次回到河源时，已经由当初的3户人家变成了7户共39人。这些傈僳族家庭回到河源村原来居住的地方，但是房屋和土地都已经没有了。玉龙县政府很快给他们安排了临时生活救助资金，又送来1万斤大米、37床棉被、37件大衣和其他必要的生活物品。2014年，九河乡党委、政府又把这7户缅甸返迁户列为建档立卡户，享受精准扶贫政策，以帮助他们尽快脱贫。

二　土地和生计

河源村村委会干部李阿平经历了磨石河村的村民从离开到回来的全部过程，他认为这几户傈僳族家庭真是幸运，精准扶贫政策给他们解决了住房、种牛、孩子上学等所有问题。但是在所有困难里面，土地问题是最难解决的，由于河源村的地理位置，耕地本来就稀缺，而且土地分产到户以后，已经没有集体土地可供分配了。九河乡的干部杨阿山告诉笔者：

他们刚刚回来时，找了几个树杈，然后就塑料布拉起来，一夜之间就住下来了。然后政府就给他们帮扶政策，冬天粮食到了就给他们一点粮食，我首先要保障的是这些特殊人，人家退出贫困线时至少达到国家标准，我们是努力这样去做的。他们刚回来时，我还在这里负责，第一次接待他们的干部就是我。当时第一批回来的是3户共14人。说实在的，如果不帮助他们谋生，他们没有能力，因为你当时出去的时候是抛弃家里而走掉的，村子里面的人就认为把你的山和地分走是正常的，当时的政策也允许。1996年最后一次土地调整，他们已经在此之前走掉了。我1995年参加工作的，1996年1月1日第一次按30年进行土地承包顺延，所以村子就把他们的地都分掉了。

现在他们回来给河源村民带来了很大困扰，尤其是土地问题。村委会干部李阿平说这些家庭离开将近20年又回来，村民们重新接纳他们还是有困难，不论是心理上，还是实际的利益分配上。现在回来则是又"掠夺"了人家的资源，所以得重新容纳他们、吸纳他们。

九河乡干部杨阿山1995年时就任河源村中心小学的老师，傈僳族家庭离开的时候他当时也在村子里。他回忆当几户傈僳族家庭离开的时候，村子里每户家庭给了他们50元钱，然后把他们曾经的土地重新进行了分配，当时是皆大欢喜的事情。

>当时（他们走的时候）我就在那个村子，他们那一家说再也不回来了，把房子卖了，还有山上有几棵树，当时是女婿砍的然后卖完了。当时我们有露天电影放映，他们请了电影队到村里，请村子里的人看了一场电影，说他们准备出国了不准备回来了。村子里的每户人还给他们捐了50块钱。但是我们党对他们真是非常好，不然我不能在乡长面前说这样的话。当时我们家的人口比现在多，但是我们还是出了50块钱，送他们到那边去。因为少了一群人我们的生活空间就多了，地也多了，山也多了。

河源村针对这些缅返人员的精准脱贫想尽了办法，最重要的还是他们可持续的生计问题。在九河乡和河源村的干部看来，让他们外出务工是不现实的，于是村里出动了挖掘机帮他们平整出一块土地。缅返人员所处的磨石河村，被村干部看作河源村"最难垦的一块土地"，整个村庄坐落在山谷里，没有一块平整的土地，房子也是盖在山坡上的，山坡下面都是岩石，难以耕种。但是村干部还是用挖掘机平整了一块土地出来，并教村民们种植中药附子。

>我们30年的土地顺延承包不变，他们家就没有了土地，以前是他们家的地现在只能用租，以前是他们家的山，现在不能砍，变成我们的承包地。……现在这块地，以前是他们的，但是现在不是他们的了，这是我们整个玉龙县……最难垦的一块土地。我们和各个地方分

别出了一定的资金，没技术给他们教技术，没钱的给他们筹钱……这个群体（缅返人员）就是没有地，所以我们给他们进行土地平整，然后把里面的石头拿掉，然后可以种药材，做一些原生态的东西。我们河源最好的一个办法是，不准任何村民使用化肥、农药……每一户都按了手印……

河源村村委会帮助这几户傈僳族家庭种植中药材附子，但是由于中药材的收购行情不稳定，在村委会干部的带动下，这几户傈僳族家庭也自己寻找生计，他们决定养蜜蜂，这令村委会主任李阿平非常欣慰，感觉这几年的付出没有白费：

你看他们以前没有地，现在开始种药材了，就是种

图 5-2　缅甸返回人员在坡地上挖 2016 种植的中药材——附子
（罗静拍摄，2017 年 4 月）

> 附子，但是我们附子价格不好，他们跟我说明年准备在这个地方养蜂，这是他们自己决定要养的。每户养上20箱蜂，因为它（蜜蜂）不用喂食，……这不是有菜蜜嘛，立春一过，这里山花烂漫，蜜源就来了。

三 户口

对于河源村村委会的干部来说，这些缅返人员"空降"回来，给他们工作带来的震动是全方位的，他们要像"家长"一样全方位解决缅返人员的生计、住房、子女入学等问题，而上户口是个非常实际的问题，这次缅返回来的人员要增加好几户。

> 他家当时出去，两口子带出去三个小孩……，现在三个小孩都成家，当时他们出去一家，我们现在要给他们家起三栋房子，大儿子二儿子三儿子。带回来13个小孩，光他们一家就增加了16人。出去一家五口人，带回来16人，人户增加了两户。

给缅返傈僳族家庭上户口还有更加棘手的问题，由于再次回迁到河源村的傈僳族家庭还有在缅甸成婚的缅甸籍人口，对此河源村无法给她们解决户口问题，而精准扶贫政策又是以户口为基准实施的。这两名缅甸籍实际居住人员仍然是河源村治理的隐忧。村委会干部李阿平说：

> 当初出去是五个人，现在回来是 10 多个 20 多个。大的 5 个，老三 5 个，老二 3 个，娶了三个媳妇。（给他们）上了户口。还有一个不能解决，大儿子的媳妇……后来又招了一个，是缅甸国籍的，缅甸国籍的在我们中国是落户不了的……

四 住房

九河乡和河源村的干部，不仅为这几户缅返人员在他们原来居住的村子重新找到土地，还利用精准扶贫的资金为他们盖起房子。九河乡精准扶贫对于异地搬迁的政策是"6+6"：村民家里易地搬迁而盖的房子，自己出 6 万块钱，政府补助 6 万块钱。但是九河乡政府的干部觉得这几户缅返人员自己拿不出 6 万块钱，如果让他们举债盖房子，这样会使他们返贫。于是乡里又协调出 1 万元，凑够 7 万元给这些缅返人员盖了新房子。九河乡和河源村的干部们灵活处理这几户缅返人员的住房问题，为了免除缅返人员的后顾之忧而破例"更改政策"，乡干部杨阿山讲道：

> 你看到（缅返人员的住房）……对比当地老百姓民居各方面情况来说是有点简陋，但是我们秉承的是（解决最基本需求）。国家给你 6 万块钱，乡里从

各方面协调再出1万块钱,最后7万块钱,就用这点把这个做出来,不让他举债,所以是从这个目的考虑。"6+6"(自己出6万元,乡里补助6万元),但是我们尽量让他在"6"里面完成……

村委会干部李阿平也认为,房子是农民生活中最重要的部分,很多村民一生的奋斗就是为了房子,因此从这几户傈僳族家庭长远发展的角度考虑,为了不让他们因房子而举债,政府将房屋建造的成本全部承包下来。

这拨缅返人员中有一位叫作鱼阿乐的,1995年去缅甸的时候只有20岁。他在缅甸结的婚,现已有5个孩子(男孩2个、女孩3个),超生了3个。大女儿今年16岁,

图5-3　缅返人员刚归国时搭建的临时住宅
(罗静拍摄,2017年5月)

图 5-4　九河乡拨了资金为缅返人员修建新住宅
（罗静拍摄，2017 年 5 月）

2017年在九河中学读初一，回来那年她12岁，从三年级又开始读，现在还好，上学也方便了。二女儿目前也在河源小学读书。在缅甸时很多孩子无法读书，根本就没有安定的环境和一定的学习条件。所以有的孩子十多岁了都没上过一天的学，造成了归国后无法读书的问题。这对还在成长的他们来说确实也是个非常遗憾的事。以下对鱼阿乐的访谈来自玉龙县政府的访谈记录。

当然，让我高兴的是现在日子好过了、稳定了，不像以前那样提心吊胆的。毕竟，那时生活在国外，什么保障都没有。加上我们确实也属于那种非法出境的，什么手续都没有，对此，不担心是不可能的。说实话，现在回想起来也有些可怕。我最担心的是几个孩子的事情，

图 5-5 缅返人员在放牛
（罗静拍摄，2017 年 5 月）

假如还在缅甸，像我现在两个女儿在安定环境里读书这样的好事肯定是遇不到的。现在，在政府的帮助下我房子也盖了两栋。同时我还用政府给的 15000 元买进了 3 头黄牛，如今已下了 1 头小牛共有 4 头了。除此之外，我还种植了一些药材，种了附子两亩多、重楼七八分，经过几年的发展，附子去年我卖了 5000 多元，加上打工又收入了 3000 多元。应该说从收入上讲我自己也觉得好多了，各方面的条件也改善了不少。前两年我还杀不起年猪，但到了去年，年猪我杀了 3 头，肉也吃不完。

笔者在磨石河调研的时候正值春节前夕，河源村当地少数民族的风俗是每家至少杀一头猪，将猪肉做成腊肉，这样可以吃一年。如果当年的光景不好，家里就杀不了猪。因此，在河源村判断一户人家一年的收入如何，一个标准是看其有没有杀年猪，杀了几头年猪。笔者在离开的时候，九河乡的干部看到了挂在缅返人员旧房子上面的猪肉，他表示"放心了"："我们进去的那家人就已经挂起来肉了。第一次杀猪，你们都没看见，他们悄悄放了串鞭炮。庆祝有史以来第一次杀猪。"

第二节　三峡集团人口较少民族扶贫资金带来的困扰

2016年3月，云南省委、省政府在北京与三峡集团签订《支持云南省人口较少民族精准脱贫攻坚合作协议》。三峡集团决定支持云南省20亿元资金（下文简称"三峡资金"）用于四个州市11个县（市）的怒族、普米族、景颇族三个人口较少民族的整族帮扶脱贫攻坚工作。2016年度的5亿元帮扶资金已于9月底前全部拨付到县，这笔资金将着力实施能力素质提升、劳动力培训输出、安居房建设、特色产业培育、基础设施改善、生态环境保护等六大工程。①

普米族是云南省特有民族也是人口较少民族，在这次"三峡资金"的帮扶之列。普米族自称"培米"，"培"意

---

① 《三峡集团向云南省捐赠20亿元帮扶3个人口较少民族脱贫》，http://yn.yunnan.cn/html/2016-10/20/content_4582692.htm。

为白,"米"意为人,有"白人"的含义。"普米"是普米族人比较统一的自称,这一称谓在不同地区的普米族中又有语音上的差异。宁蒗的普米族自称"普日咪""啪咪",兰坪县的普米族自称"普英咪",永胜、丽江等县市的普米族自称"普米""平米""批咪"等。1960年,国务院根据普米族的意愿,正式确认滇西北的"普米"为单一民族,并定名为"普米族"。

截至2000年,全国普米族总人口为33600人,除云南外,还在全国30个省、自治区、直辖市有分布。普米族主要分布在云南省西北部高原的兰坪白族普米族自治县和宁蒗彝族自治县,少数分布于丽江市玉龙纳西族自治县、永胜县,迪庆藏族自治州的维西傈僳族自治县、香格里拉市,临沧市的云县以及四川凉山彝族自治州的盐源县、木里藏族自治县,甘孜藏族自治州的九龙县等地,与当地其他民族杂居。其中,云南普米族人口占全国普米族总人口的97.99%。

河源村是六个民族混居的村落,抽样调查的数据显示,河源村人数比较多的三个民族分别是普米族、白族、纳西族,他们在河源村总人口中所占比例分别为32.8%、28.1%、26.6%。河源村的民族都混居在一起,没有一个村民小组由单一民族构成,所以当三峡集团的扶贫款到河源村以后,九河乡党委政府和村委会发现如何分配这笔巨款是个问题。最终根据云南省的指导精神,村委会决定为每一户普米族家庭修建普米火塘,还有一部分资金用于六个有普米族的村小组的道路改造,但是引起了村民们的不满。

自国家实施农村综合扶贫以来,通过财政转移支付给农村地区的资金一年比一年多。河源村最近几年得到的财政支持非常多,村民们只知道钱是"上面"给的,但是具体来自哪里并不清楚,也没有弄清楚的意愿。实际上,每一笔资金到河源村都有具体的使用规定,村委会的干部也是按照资金的明确用途来使用的。笔者2017年调研时,2016年的"三峡资金"已经启用。按照计划,三峡集团将拨付人民币1000万元用于支持河源村的扶贫工作,资金将分三年拨付。在2016年三峡集团已经将300万元拨付完毕,河源村村委会和九河乡乡政府根据政策制定了使用计划,村支书杨阿云计算了一个大概的数字。

图5-6 "三峡资金"扶持修建的普米族火塘
(罗静拍摄,2016年12月)

然而，出乎意料的是河源村村委会的这一做法几乎招致了河源村所有人的不满，包括普米族村民、与普米族同组的村民、没有普米族村民的小组。普米族村民认为这笔巨款是三峡集团扶持他们民族的，应该全部给他们普米族，而不应该为村里修路。与普米族同村的村民认为，这笔钱是上面给的扶贫款，为什么只给普米族修火塘？① 这笔钱在其他8个没有普米族的小组只是统筹了一小部分给建档立卡户，其他家庭没有享受到任何实惠。因此这部分村民非常不理解，为什么"上面"给的扶贫款只给个别小组修路。新房组的村民李阿坤说："村委会的人瞎干，扶贫款下来了就给那么几个村。"

村委会的干部觉得非常委屈，他们是严格按照这笔资金的使用规定使用的。资金的使用说明非常详细和复杂，不可能跟每一户村民解释具体用途。李阿平说："有几户普米族的村民找到村委会来，他们说这笔钱就是给我们普米族的，就应该都给我，我家房子要修……"

驻村工作队和村委会的干部对这些村民做了十分艰难的解释和说服工作，最后大家都接受了村里的安排。九河乡政府也尽量让这笔资金使用做到最大的公平，照顾到最多的村民。但是精准扶贫的含义本身就是要避免以前"撒胡椒面"一样的做法，所以基层干部在"精准"和"公平"之间的权衡是非常有难度的。九河乡的干部和阿强如

---

① 河源村是个海拔3000多米的山区村，属于高山高寒的村庄。火塘是每家每户的必备，不管什么民族家里都有火塘。火塘覆盖客、餐厅和卧室。修火塘相当于室内装修，因此村中其他村民会有内心的不平衡感。

此认为：

> 我也给他们说，（党中央）做出这样一个决定（精准扶贫），我们的老百姓每一个人都得到了实惠，路修好了大家都享受到了，不是贫困户的那些人，也照样能享受得到，要不然这些东西光让贫困户享受到，那我看也是不公平了。

第三节　没有户口的彝族自发移民

按照河源村的户籍统计结果，河源村的6个少数民族里是没有彝族的。但是在河源村的大麦地组居住着6户彝族村民，有23口人。虽然他们居住在河源村，但户口在大理州的剑川县。这个问题也给河源村的精准扶贫造成了困扰。

彝族自古有着不断迁徙的习俗，他们这么做的理由是"不断追赶太阳"。1958~1978年的人民公社时期，彝族群众的自由搬迁现象被严格遏制。改革开放以后，很多彝族群众又自发迁徙。河源村大麦地组在20世纪90年代以来已经换了好几拨彝族的自发移民，如今这6户彝族自发移民自1992年迁移至此，之前也在其他地方迁徙多次。当地人介绍：

从 1992 年开始，陆陆续续有几家彝族同胞，从大理剑川的马登，举家搬到了河源九子岩下。在 20 多年的时间里，这里的彝族群众是走了又来，来了又走，换了几十茬。人数最多的时候，有 12 户 40 多口人。他说他叫陆文新，现年 53 岁，一家人自 1992 年搬到河源以后，就再也没有挪过窝了。他家祖籍是丽江石鼓仁和的。70 年代，他的爷爷带着全家从仁和搬到了剑川马登，90 年代，他的爸爸又带着全家从马登搬到了九河的河源。

驻村工作队对这 6 户彝族村民入户调查过多次，帮助他们解决了孩子在河源村上学的问题，但是精准扶贫的政策实在无法惠及他们，因为精准扶贫的落实以户籍为准。不仅仅是精准扶贫政策，其他的政府惠农政策和补助，这 6 户彝族村民都无法享受到。对此河源村村委会主任也觉得很无奈：

> 精准扶贫是按户口来的，但是他们的户口问题涉及大理州和丽江市，非常难协调。（已经做的工作是）把他的孙子孙女，包括全村所有适龄儿童都接收入学，并且不多收他们一分钱的学杂费，在学校享受跟其他本地学生一样的待遇。

为此河源村委还专门召开过一次会议。

2017年7月31日

对象是四类人员。乡党委、政府已经把去年建档立卡户危房改造问题向县委、县政府做了专题汇报。县委、县政府的答复是，今年的危房改造项目可以优先考虑他们。

杨阿云：目前我们还有一个特殊情况，就是居住在九子岩的彝族人，前几天我们根据县、乡两级的安排，对他们进行了一次入户调查，初步掌握了他们现在有6户人家23个人的情况。人是住在我们大麦地的地界，户口全部在剑川县马登乡，对这部分人我们要如何处理？

颜阿山：对于这部分人，住还是住在我们大麦地的地界上，但我们不同意将他们列入我们的识别对象。因为他们户口不在我们河源，我们要求村委会、工作队把具体情况上报县委、县政府，最好让他们搬回剑川去住。

——河源村委会《会议记录》

河源村村委会认为，由于户口不在河源，所以最好让他们搬走，回到户籍所在地。但是这些彝族村民已经在大麦地居住了20年，大家都没有搬走的意愿。同时，大理州政府认为他们事实层面已经在河源居住，可以协助他们将户口从大理迁出。这几户彝族村民的归属问题需要丽江市和大理州两个行政区协调。驻村工作队为此事多次向丽江市和大理州报告。调查结束的时候，他们的户籍问题大理、丽江两地政府还没有一个具体的说法。不过大理和丽江都在尽力扶持他们：大理州的剑川县委、县政府已经帮他们完成了农电网改造；玉龙县委、县政府也出资维修了他们的进村道路，并责成住建部门对他们的所有住房进行了危房等级鉴定。

图 5-7 户口在剑川的彝族人在河源村大麦地的居住地

（张全福拍摄，2017 年 4 月）

第六章

河源村精准扶贫的成效与机制

河源村的精准扶贫自 2014 年实施以来，经过驻村工作队和村委会干部的努力，取得了很好的成绩。精准扶贫成绩最大的体现就是河源村的建档立卡户和非建档立卡户对河源村实施精准扶贫的过程及其结果的满意度都非常高。

　　同时，一个意料之外的收获就是，一直为基层干部所诟病的精准扶贫的标准化填表，使河源村的村委会对村里情况摸清了底。村委会对每家每户产了多少白芸豆，养了多少箱蜂，种了多少附子都了如指掌。在村干部和驻村工作队筋疲力尽的填表工作之后，大家蓦然回首才发现原来河源未来的振兴之路已经在过去的点点滴滴中奠定了基础。所有河源村民共同拥有的资源是无污染纯有机的农产品，包括白芸豆、蜂蜜、高山花椒。村支书杨阿云是见过世面的，他知道这些高山有机农产品在大城市的售价非常高，而外来收购的商贩总是将价格压得很低。如果进出河源村的路修好了，村民便可以在家门口发快递，外面来老君山旅游的人也会增多，那时候河源村就会真正变得富裕了。

第一节 精准扶贫的满意度

尽管河源村精准扶贫工作的进行并不一帆风顺，村庄内部和外部的各种因素一直困扰精准扶贫工作，产生了各种争论，但截至此次问卷调查时，河源村的建档立卡户和非建档立卡户对于精准扶贫政策的实施程序及其内容的满意度都很高。

一 河源村非建档立卡户的扶贫满意度

笔者根据村委会提供的信息抽取了建档立卡户和非建档立卡户各32户。在实地调研过程中，遇到个别不在家的被访者临时做了调整，抽样调查结果显示，64位村民中在2016年年底不是建档立卡户的有29位，比例为45.3%。基本符合我们当初抽样的预期。在被访者中有46.9%的村民对于自己家曾经是不是建档立卡户不清楚。

有五位曾经是建档立卡户，在2016年年底之前调整出来了。

这五位已经调整出来的建档立卡户都明确知道自己是哪一年退出的，有三位在2015年，有三位在2016年。针对五位已经调整出来的建档立卡户的调查，当询问"调整时，乡村干部有没有来过你家调查"时，有四个人回答"来过"，比例是80%。同时，这四个人都签了字。这五位调出建档立卡户的村民中，有三人回答"调整后的名单进行了公示"，一人回答没有，一人回答不知道。五位被访者对建档立卡的调整结果、调整程序都满意，满意度为100%。

对于不清楚曾经是不是建档立卡户的这些被访者，笔者与村委会核实发现他们其中有些曾经是建档立卡户。因为在2014年九河乡曾经要报上去一批，当时村民们包括村委会的干部们也不知道报上去这些贫穷村民的名字到底是做什么用的，后来才知道这批村民在名义上算是建档立卡户。但是这一批建档立卡户并没有享受任何扶植措施，在2015年又重新评估了一批，所以很多村民不知道自己是否曾经是建档立卡户。

但是对于不清楚曾经是不是建档立卡户的村民比例如此之高（64位被访者中有30位），笔者走访村民的时候发现有两个可能的原因。

一方面，村民们在面对"上面"来的调研员时，基于一种个人利益最大化的考量，倾向于在调查者面前呈现出有利于自己的一面。在此次精准扶贫调查中，村民们为了使自己尽量多争取到上面的资源，便有意隐瞒自己曾经得到过的资源。当笔者询问他们家里"享受过什么扶贫政策没有"时，很多村民告诉我们"没有"，跟笔者一同去的村委会干部听到村民的回答以后，非常生气，他指着这户村民房顶的铁牌说："这不是呀？危房改造你没享受过？去年农业局给的化肥、地膜你没享受过？你怎么瞎说？"

还有一次，笔者在老屋基村民小组的中药材种植基地调研，那天老屋基村的十几位村民正在为药材基地除草，他们在这个由药材公司流转的基地打工每天有80元收入，包括一顿午餐。笔者随机问一位村民是否为建档立卡户，她回答说："不是。"同时正在旁边除草的其他村民听到她的回答后非常生气："你怎么说你不是呢？村里给你15800块钱呢，都贴出来了。我家才真正是没有，我家生活也很困难……"

村支书杨阿云证实了她的确是建档立卡户："她家男人死了，又有两个小孩读书，她家的情况的确比较困难。"

同时村干部对于这户农民否认自己是建档立卡户的做法也表示理解，村支书杨阿云认为：

> 他们（建档立卡户）现在压力也很大的，一开始大家都不知道建档立卡户能享受这么多（政策），所以往上报的时候大家还不是很争。后来给了建档立卡户那么多优惠，大家都眼红了……

图6-1 在丽江宝林新型农业开发有限责任公司租种的土地上
（张全福拍摄，2017年5月）

另一方面，最近几年给河源村的扶贫项目比较多，村民们都习惯了上面下来项目，至于这个项目叫什么名字，的确有人记不清。老屋基村的村民说："当时要报贫困户名单，非常急。我也不记得叫什么项目，管他呢。先报上去再说。"

结合河源村的实地调研，我们可以更真切地理解数字背后的意味。

在所有被访者中，有35位被访者回答了这个问题。享受过扶贫政策的村民占60.0%（见表6-1）。在我们走访的受访者中，几乎全部享受过各种形式的扶贫政策，有些扶贫政策是直接到村民的，有些是间接的，比如修建村活动中心、修建小学等。

表6-1 河源村被访者是否享受过扶贫政策

是否享受过扶贫政策	频数（人）	百分比（%）	有效百分比（%）	累计百分比（%）
有	21	32.8	60.0	60.0
没有	13	20.3	37.1	97.1
不知道	1	1.6	2.9	100.0
合计	35	54.7	100.0	
系统缺失	29	45.3		
合计	64	100.0		

表6-2 河源村被访者享受过何种扶贫政策

扶贫政策	频数（人）	百分比（%）	有效百分比（%）	累计百分比（%）
搬迁	2	3.1	3.1	71.9
产业扶持	2	3.1	3.1	75.0
低保	6	9.4	9.4	84.4
危房改造	5	7.8	7.8	92.2
养殖补助	1	1.6	1.6	93.8
异地搬迁	1	1.6	1.6	95.3
易地搬迁	1	1.6	1.6	96.9
易地搬迁，产业扶持，技能培训	1	1.6	1.6	98.4
易地搬迁，产业扶持，教育扶贫	1	1.6	1.6	100.0
系统缺失	44	68.8	68.8	68.8
合计	64	100.0	100.0	

在河源村的非建档立卡户被访者中，有69.7%的被访者认为本村贫困户选择是"比较合理"的，21.2%的被访者认为"一般"，有9.1%的被访者觉得"说不清"。总的来说，河源村的非建档立卡户对于村里建档立卡户的认定工作是比较满意的（见表6-3）。

表6-3　河源村非建档立卡户认为贫困户选择是否合理

是否合理	频数（人）	百分比（%）	有效百分比（%）	累计百分比（%）
比较合理	23	35.9	69.7	69.7
一般	7	10.9	21.2	90.9
说不清	3	4.7	9.1	100.0
合计	33	51.6	100.0	
系统缺失	31	48.4		
合计	64	100.0		

二　建档立卡户的扶贫满意度

在抽样调查的64位被访者中，有30位在2016年底仍然是建档立卡户，其中90%的被访者是2014年成为建档立卡户的（见表6-4）。

表6-4　哪一年成为建档立卡户

年份	频数（人）	百分比（%）	有效百分比（%）	累计百分比（%）
2014	27	42.2	90.0	90.0
2015	2	3.1	6.7	96.7
2016	1	1.6	3.3	100.0
合计	30	46.9	100.0	
系统缺失	34	53.1		
合计	64	100.0		

河源村问卷的完成时间跨度为2016年12月~2017年4月，对是不是建档立卡户的访问时间节点是2016年底。因此2016年底是建档立卡户的被访者中，有些在2017年上半年脱贫。在30位2016年底的建档立卡户中，有25位受访者在2017年脱贫，比例是83.3%。27位被访者在

认定脱贫时签字或盖章，有些村民既签字又盖章，比例合计是90%。同样是这27位受访者回答"建档立卡户的名单进行了公示"这一问题，有三位没有回答。

在30位建档立卡户被访者中，有28位被访者回答了"精准扶贫措施是否合理"这一问题，认为"非常合理"的比例是32.1%，"比较合理"的比例是67.9%，合计100%（见表6-5）。

表6-5 河源村建档立卡户对扶贫措施评价统计

扶贫措施评价	频数（人）	百分比（%）	有效百分比（%）	累计百分比（%）
非常合理	9	14.1	32.1	32.1
比较合理	19	29.7	67.9	100.0
合计	28	43.8	100.0	
系统缺失	36	56.3		
合计	64	100.0		

32.1%的被访建档立卡户认为为本村安排的扶贫项目"非常合理"，64.3%的被访者认为"比较合理"。认为"一般"的比例是3.6%（见表6-6）。

表6-6 建档立卡户对扶贫项目的评价统计

河源村扶贫项目	频数（人）	百分比（%）	有效百分比（%）	累计百分比（%）
非常合理	9	14.1	32.1	32.1
比较合理	19	28.1	64.3	96.4
一般	1	1.6	3.6	100.0
合计	28	43.8	100.0	
系统缺失	36	56.3		
合计	64	100.0		

有10.7%的建档立卡户认为本村到目前为止扶贫效果"非常好",有71.4%的建档立卡户被访者认为效果"比较好"(见表6-7)。

表6-7 河源村建档立卡户对扶贫效果评价的统计

扶贫效果评价	频数(人)	百分比(%)	有效百分比(%)	累计百分比(%)
非常好	3	4.7	10.7	10.7
比较好	20	31.3	71.4	82.1
一般	5	7.8	17.9	100.0
合计	28	43.8	100.0	
系统缺失	36	56.3		
合计	64	100.0		

在"对你家脱贫结果是否满意"一项中,有27位被访者回答了该问题,26位表示"满意",比例为96.3%。只有1位表示"不满意"。27位被访的村民,全部对脱贫的程序感到满意(见表6-8)。

表6-8 河源村建档立卡户对脱贫结果的满意度评价

脱贫满意度	频数(人)	百分比(%)	有效百分比(%)	累计百分比(%)
满意	26	40.6	96.3	96.3
不满意	1	1.6	3.7	100.0
合计	27	42.2	100.0	
系统缺失	37	57.8		
合计	64	100.0		

第二节　建档立卡户信息的登记——摸清家底与村级现代化管理

精准扶贫政策的实施，其意义不仅仅在于对农民的精准识别和扶贫，从长远来看，精准扶贫整个过程的实施对于推进农村现代化的信息管理具有重要意义。

首先，国家精准扶贫政策的实施跟以往国家实施的农村扶贫区别很大，除了精准到户这一条以外，很大的区别在于扶贫动态管理过程的信息化和标准化，这是中国扶贫历史上的第一次。云南省在2016年以乡、村、社区、驻村干部为主体，组织1.7万支精准识别工作队，按照"五查五看"要求，新识别贫困人口20.9万户85.7万人，剔除21.6万户87.3万人。[①] 这是国家和农村基层第一次对贫困人口的数量有了精准的统计，并实施动态管理。河源村也是第一次摸清了村里贫困户的家底。贫困户信息登记对于村级现代化管理的意义怎么评价都不为过。

其次，建档立卡户的识别工作对于农村来说相当于一次全方位的农业普查。通过实施精准扶贫工作，河源村还查出来几户超生没有上户口的家庭。在精准扶贫过程中，工作队还解决了河源村的"历史遗留问题"。居住在河源村大麦地小组的彝族自发移民，户口在大理州剑川县，但

---

① 国务院扶贫办：《云南：加强组织领导深入扎实开展干部驻村精准扶贫工作》，http://www.cpad.gov.cn/art/2016/10/10/art_38_54008.html。

是居住在河源村已经有20多年了，未来也打算一直住下去。如果没有精准扶贫，他们这种农村"人户分离"的情况会一直持续下去，作为农村户口就享受不到两个地方的任何惠农政策。借由精准扶贫政策的实施，河源的土地上没有一个政策死角。

最后，从理念到行动实现了村级的现代化管理。中国的乡村治理自引入民主选举制度以来，一直在往现代化管理的方向转变。自精准扶贫实施以来，全国的乡村都实行建档立卡户的网上填报工作。尽管基层工作人员并不能完全理解这其中的含义，但是全国的乡村都走出这一步来，其意义是非凡的。国务院扶贫办和云南省的精准扶贫大数据平台已初步做到记录"谁是贫困人口""哪些贫困人口已脱贫""哪些是新增的贫困人口""哪些是返贫的贫困人口""每户的致贫原因是什么""贫困户如何脱贫""脱贫成效如何"七个"能说清"。这是脱贫攻坚工作的重要平台和工具支撑。

河源村自精准扶贫以来，为每一户建档立卡户建立了一个档案。档案按照顺序呈现了一户建档立卡户从申请到承诺到退出的全部过程。村委会干部和村民们已经"习惯"了填表，从这个意义上讲中国农村现代化管理的第一步已经迈出去了。鉴于测算农民实际收入的困难，九河乡政府自己设计了村民收入情况登记表。村委会干部和驻村干部到村民家进行家访时，对该村民家的收入和支出情况进行了详细的登记，内容包括当年的农产品收成，再根据当年的市场价格折算成以货币计价的收入。在登记表的最后，户主需要签字和按指纹，入户调查人员也需要签字。

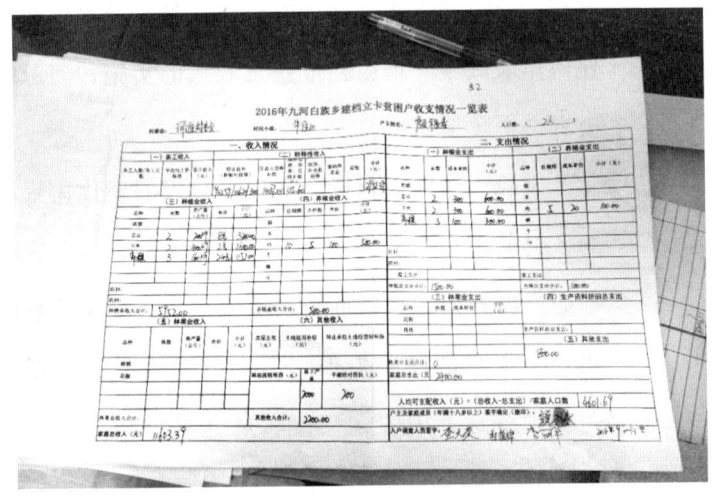

图 6-2　河源村建档立卡户收支登记表
（罗静拍摄，2016 年 12 月）

一　户口与建档立卡户

建档立卡户工作是按照户口进行统计的，但是少数民族地区事实婚姻的情况比较多，村民不太重视上户口，很多人结婚不登记和生小孩不上户口。因此，如果仅仅按照公安系统的户口信息来统计建档立卡户就会与实际情况有很大的出入。通过实施精准扶贫政策，也发现以往在农村的户籍统计上还存在很大的漏洞。九河乡乡长杨阿山说：

说实话，以前农村公安信息这块也不完善。是嘛，这也是个问题。还有个问题，我们这里面你到村子里就知道，超生的还是有，他就不落户，所以人数就不精准。（有些是）到户了但到人不精准。习总书记说要"到户到人精准"，但是里面有很多问题（要做），如老人去世但户口没有注销、嫁出去了但户口在这里、嫁到这里但户口在外面等问题。因为婚姻的变动、人的成长，需要做（精准统计）这些事情，但是后续总是跟不上，所以精准识别的过程就非常困难。如果我们在这一过程中，出现优亲顾友或村干部把不该列为建档立卡户的列为建档立卡户，那就是社会矛盾的一个爆发点。群众集体上访，那就会导致整个社会对精准扶贫政策的怀疑，那就上升为一个政治问题。还好我们这边没有这种情况出现。

二 网上填报建档立卡户信息

建档立卡户的网上填报工作，是驻村工作队最主要的工作内容之一，这也是精准扶贫政策实施以来被诟病最多的地方，驻村干部成了"填表干部"。但是，从国家基层治理的角度来看，在全国扶贫系统中登记5000多万贫困户的信息，如此大的数据量，在很短的时间内要完成，工作中存在的困扰要比最后的成就小得多。驻村工作队员张阿福讲了自己的填表经历：

> 扶贫的评价指标体系太烦琐，政策变得太快。比如那个输入扶贫档案的系统，国家（国务院）扶贫办

有一个系统，省、市里面还各有一个系统，我们村委会、乡里没日没夜地填，填过来，填过去。如果只有一个系统我们就不会出错，从前面到后面哪怕有二三十张表也是不会出错的。但是过几天又填一套过几天又填一套，有时这家是我去填下次他去填，调查户他们说的不一致，然后填给市里的和填给国家的内容就可能不一致。数据相互矛盾让我们工作很不好做。今年（2016年）大数据才统一了，前面做的时候这样做了几次。把所有的资金整合起来统一扶贫，原来是从各个不同的渠道发放资金，所以统计的数据和制作的表格都不一样。

三 完备的建档立卡户进出手续

河源村自实施精准扶贫以来，为每一户建档立卡户建立了一个档案，对此村委会专门设立了一间档案室来存放这144户档案。档案按照顺序呈现了一户建档立卡户从申请到承诺到退出的全部过程（见图6-3~图6-8）。

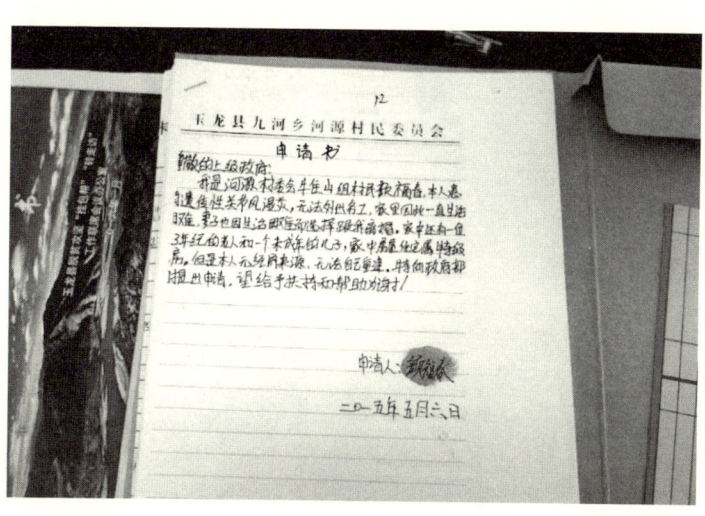

图 6-3 建档立卡户的个人申请书

（罗静拍摄，2016 年 12 月）

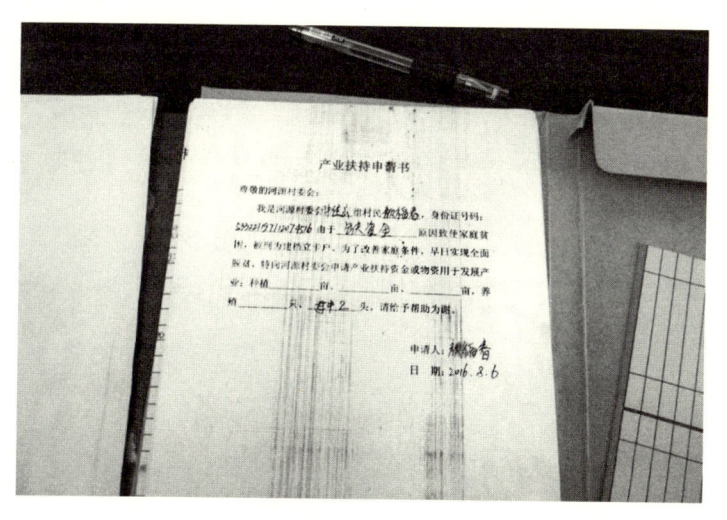

图 6-4 建档立卡户的产业扶持申请书

（罗静拍摄，2016 年 12 月）

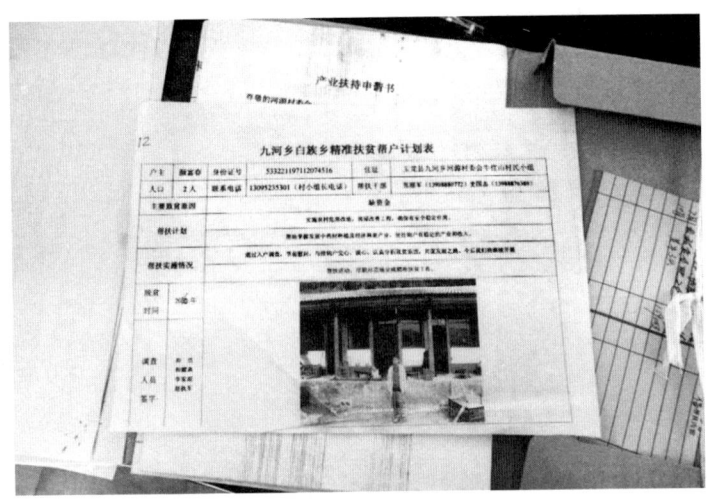

图 6-5　建档立卡户的帮扶计划

（罗静拍摄，2016 年 12 月）

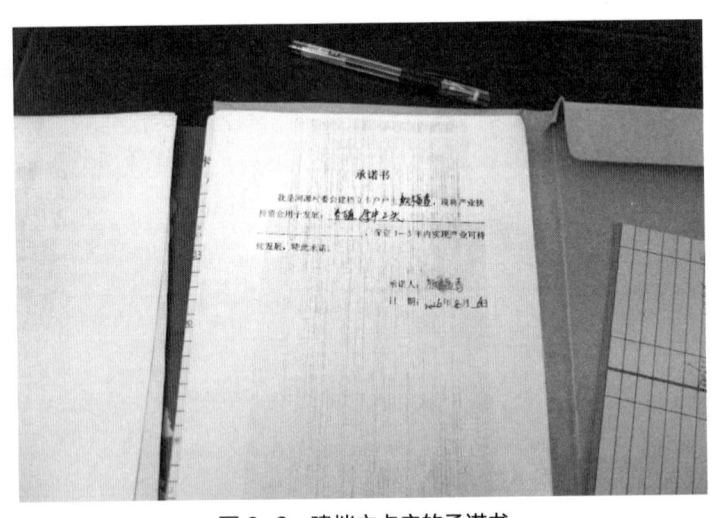

图 6-6　建档立卡户的承诺书

（罗静拍摄，2016 年 12 月）

图 6-7　建档立卡户的承诺书

（罗静拍摄，2016 年 12 月）

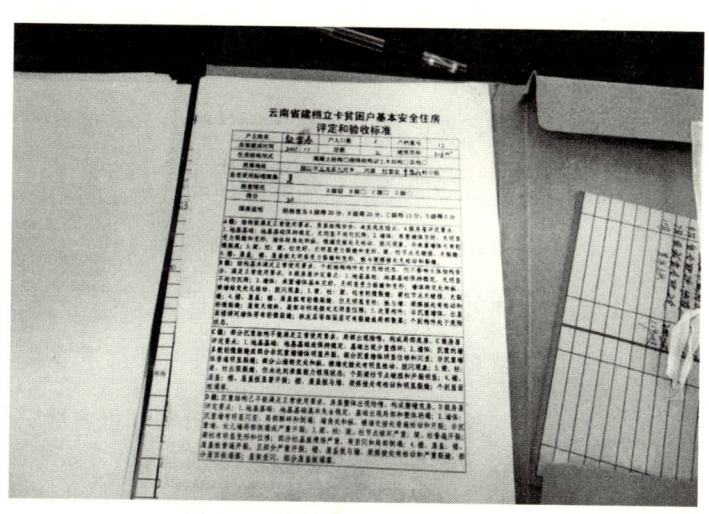

图 6-8　建档立卡户的住房验收单

（罗静拍摄，2016 年 12 月）

第三节 河源村精准扶贫的机制——驻村工作队与村民全面参与

一 作为"外来人"的驻村工作队

向农村派驻驻村工作队是中国农村基层工作的优良传统。中央政府的政策层面，在全国扶贫开发之初就提出了社会单位驻村与农村扶贫相结合的机制。1986年5月16日，国务院办公厅出台了《国务院办公厅关于成立国务院贫困地区经济开发领导小组的通知》[①]，正式成立了扶贫的专门部门——国务院贫困地区经济开发领导小组。这个部门是国务院扶贫办的前身。1986年6月26日，国务院贫困地区经济开发领导小组第二次全体会议中，明确提出国务院各有关部委都要把解决贫困地区群众温饱和脱贫致富问题提上议事日程，要采取多种形式支持和帮助贫困地区，提出"凡有条件的部委，都应当抽派干部，深入一片贫困地区，定点轮换常驻，重点联系和帮助工作"。[②] 同时"要选派身体好、有一定专业知识的优秀干部深入基层，参加贫困地区的开发工作。"此后，选派干部下乡扶贫的部门由国务院所属各部委拓展至中央机关和省、地、县级党政机关，并逐渐形成为一项制度延续至今。

[①] 国务院办公厅：《关于成立国务院贫困地区经济开发领导小组的通知》，http://www.gov.cn/xxgk/pub/govpublic/mrlm/201207/t20120724_65387.html。

[②] 国务院：《中华人民共和国国务院公报》1986年第23号。

自2016年云南省委、省政府实施精准扶贫政策以来，省政府高度重视干部驻村帮扶工作，精心部署安排，出台了一系列政策措施。全省组建了6770支驻村扶贫工作队，选派64.3万名干部职工挂钩帮扶139万贫困户，抽调了37379名驻村干部，实现了4277个建档立卡贫困村、471万贫困人口全覆盖，构建了"派、训、管、用"四位一体的驻村帮扶工作机制。[1] 此外，为了更好地执行驻村帮扶任务，云南省委、省政府还专门针对驻村工作队的工作制订了一系列的工作制度，如印发了《关于建立脱贫攻坚"领导挂点、部门包村、干部帮户"长效机制扎实开展"转作风走基层遍访贫困村贫困户"工作的通知》、建立了云南省"挂包帮"工作联席会议制度。云南省委组织部制定出台了《驻村扶贫工作队总队长副总队长选派管理办法》《驻村扶贫工作队管理办法》《驻村扶贫工作队第一书记选派管理办法》，对各级驻村干部选派、管理及职责任务、考核奖惩做出具体明确，规范了工作程序、落实了工作责任。[2]

河源村的驻村工作队由玉龙县农业局、九河乡政府以及丽江市红十字会三个单位抽调有基层工作经验的人员组成。驻村工作队几位成员自2015年以来长期驻扎在河源村，与村委会干部一起走访村民，解决村民纠纷。河源村民对驻村工作队成员由一开始的不信任转变为最后的依依

---

[1] 云南省扶贫办：《云南：加强组织领导深入扎实开展干部驻村精准扶贫工作》http://www.cpad.gov.cn/art/2016/10/10/art_38_54008.html。

[2] 云南省扶贫办：《云南：加强组织领导深入扎实开展干部驻村精准扶贫工作》http://www.cpad.gov.cn/art/2016/10/10/art_38_54008.html。

不舍，可见驻村工作队作为一支重要的外部力量对于解决村民之间的矛盾、村民与村委会干部之间的矛盾有不可替代的作用。

图6-9 村委会公示驻村工作队的信息

（张全福拍摄，2015）

图6-10 村委会干部与驻村工作队一起为来访的村民解决问题

（张全福拍摄，2015）

河源村是九河乡精准扶贫重点村（另外一个是金普村），所以县里为这两个村派出了有基层工作经验的工作人员驻村。比如，驻村队员之一的九河乡干部向阿强，他曾经做过 20 年的村委会干部，对农村的情况十分熟悉。还有驻村队员张阿福，曾经在 1988 年 6 月至 1991 年 10 月任九河乡政府总务，1991 年 11 月至 1999 年 9 月任九河乡政府人武部干事，1999 年 10 月至 2001 年 3 月任九河乡党委委员、人武部部长。因此，他对九河乡各个村庄的情况都十分熟悉。工作队入驻河源村，每天按照省里的规定要用手机 APP 在村子里"打卡"。为方便驻村工作队队员们住宿，村委会还专门装修了几个房间。笔者在河源村调研期间，也使用了这些房间。

驻村工作队初入河源村的时候，并不被村民们接纳。村民们认为他们"又是来装装样子的"。驻村工作队的队员跟笔者讲了这样一件事：工作队刚到河源村的时候，有一次村委会停电，驻村工作队的干部无法在村委会做饭，又赶上驻村工作队所在单位的同事来协助工作，一行人比较多，于是队员们去老乡家吃午饭，按照标准给老乡支付饭费。但是吃饭的场景被路过的村民看见，于是那位村民用手机拍了照，并微信举报"驻村工作队到村民家大吃大喝"，驻村工作队的成员为此受到了原单位的批评。所有队员都觉得非常委屈，可又无处去"伸冤"。诸如此类的事情还有很多，可见驻村工作队要获得村民的认可有很多困难。但同样是这些驻村工作队的队员，有时候又成了村民们心目中主持公道的人。当村民觉得村干部处事不公的时候,又会去找驻村工作队的队员解决。

二 驻村工作队来源单位的物质支持

驻村工作队作为"外人"的力量还体现在原单位的物质帮扶上。驻村工作队的派出单位丽江市红十字会和玉龙县农业局,自精准扶贫实施以来分别为河源村筹集产业资金和物资折价50.58万元、68.92万元,包括化肥、种子、地膜、食用油、粮食、棉被、毛毯、衣物和电视机等村民生产生活必需品。

此外,驻村工作队还积极协调有关部门筹集产业帮扶资金169.86万元,为建档立卡户发放牛羊猪鸡803头(只)、滇重楼、茯苓、黄精、白及种子和羊肚菌种7556公斤,全力推动牛羊猪鸡养殖和中药材种植产业的发展,促进村民增收。

驻村工作队还根据河源村70%村民有养蜂习惯和得天独厚的自然环境优势,协调邀请云南农业大学养蜂专家为广大村民进行了四期全方位的养蜂知识讲座培训,同时为参训学员无偿发放了一个价值377元的新式蜂箱和全套工具。

2016年,驻村工作队帮扶河源村和贵佳、颜四华、李继银等10来户建档立卡户靠养蜂收入均增收1万元。截至2016年底,河源村养蜂规模达3100箱,年收入接近200万元,养蜂已成为全村脱贫致富的又一支柱产业。

图6-11　玉龙县农业局请来专家为村民教授养蜂知识

（张全福拍摄，2016年12月）

驻村工作队组织丽江红谷、丽江纯K和丽江新视界文化传媒公司等爱心企业和爱心人士为河源完小送来了价值2000元的学习和体育用品，价值5000元的一台大彩电和150套总价值21750元的全新可调升降式课桌椅，他们捐助5250元对学校七间教室进行网线改造，充分利用互联网载体提升学校教学质量。同时还邀请了丽江本地知名歌手和漾水、阿石才等与学校的孩子们一起，表演了丰富多彩的文艺节目。

工作队为河源村完小争取到中国红十字基金会"六个核桃·读书慧"公益项目，玉龙县红十字会到校发放了价值30000余元的图书和书架，组织云南大学旅游文化学院的志愿者到校开展"小小心愿"活动，为贫困学生发放了基本学习生活用品。

驻村工作队内引外联，两年来累计为河源村27名建档立卡户在校生和全村考上二本以上大学的应届高中毕业生发放博爱助学金41250元。

驻村工作队在某种程度上成了河源村民心理和生产生活所依赖的重要外部力量。

三 村民参与的贫情分析大会

河源村的建档立卡户和非建档立卡户对于精准扶贫措施的满意度都非常高，几乎所有被访者都回答"满意"和"非常满意"，甚至没有被访者回答"一般"和"不满意"。此外，在河源村精准扶贫几次"回头看"的过程中，除了个别家庭因为家庭变故而调入之外，基本没有变动，这也说明河源村建档立卡户的识别非常精准。总结河源村建档立卡户精准识别的经验，与驻村工作队带领全体村民小组召开的贫情分析大会息息相关。

在贫情分析大会上，工作队员首先公布原来的建档立卡户名单，并说明理由，让全体村民（每家至少派出一位村民，并且每家有一个投票权）进行投票。如果有村民要当建档立卡户，需要自己陈述理由，并由全体村民投票。在2017年8月的"回头看"贫情分析大会上，令驻村工作队感到欣慰的是经过村民们的充分讨论，最终的建档立卡户名单与原来并无二致。

经过充分民主讨论，将村民之间的矛盾在精准扶贫的初期完全暴露并化解。村委会干部李阿平说：

> 一个村子里生活的人，谁家什么情况大家都是清楚的……大家的地都差不多，种的东西也差不多……脑袋活一点的可以多找些钱……家里有小孩读书的，有生病的，可能要苦一点。

第四节 未来河源村脱贫之路

一 道路基础设施的修建

河源村是一个位于老君山上海拔 3000 米的高山村庄，进出村庄的道路是河源村发展的最大制约。进出河源村有两条道路。最主要的一条道路从丽江先到大理州的剑川县，再由剑川进入河源村。这条路长 11 公里，其中剑川路段长 8 公里，河源界内长 3 公里。这条路是在新中国成立初期建成的，至今还保持着 1950 年代的样子，泥土路，在雨季很难通行。

这条路当时是国营木材公司为了运送从山上（主要是河源村）砍伐的木材而修的（今天在剑川还有一个合法的木材交易市场）。1990 年代国营林场退出以后，民间盗伐现象十分严重，砍伐下来的木材即经这条路运往剑川出售。河源村民制止剑川人私自砍伐山上的木材，甚至曾经发生过冲突。河源村村委会的徐阿花告诉笔者，老的村支书曾经带人追赶盗砍木材的人。因此，河源村民不愿意修这条路，一旦路修好了，盗砍木材的现象会更加猖獗。再者，这条路涉及两个市州，大理州和丽江市的协调工作比较困难，所以一直没有修。

  因涉及两个市州之间的协调工作，加上历史恩怨，九河乡政府在另外一个方向开辟了一条新路，这条新路叫作龙源路，属于通村公路项目，于2008年建成通车。龙源路联通了河源村的7个村民小组到九河乡政府和214国道。但大部分河源村民出行还是会选择老路，不仅因为龙源路路窄、弯多（同样是到丽江，走新路要远30公里），还因为河源村民日常生活（赶集、买东西）的主要场所仍然是大理州的剑川县，而不是九河乡。其原因是剑川县的配套设施要比九河乡齐全。比如笔者从河源村返回丽江，先坐河源村村委会徐阿花的私家车至剑川县长途汽车站，然后乘坐大理州到丽江市的长途汽车返回丽江。因为从九河乡到丽江之间的客运车只有"面的"，没有专线客运车。

  河源村除了通往外面的公路状况不好以外，目前还有6个村民小组通往村中主干道的路没有硬化。河源村整体位于高山地区，村民小组分布十分分散。道路问题是当前村民们反映最多的困难。从抽样调查的数据来看，在被调查的64位村民中，住宅距离硬化公路最近的是0米，即家门口就是公路，最远的则有十几公里，即便开车也要两个小时。因此，河源村下一步发展的瓶颈就是村里的道路和村中通往外面世界的道路。

二 有机农业与电子商务

河源村民最大的资源就是高山有机农产品,以及各种林下经济,包括高山蜂蜜和各种菌类。河源村面积广阔,全村90%的面积被森林覆盖。村民们种植的农产品不施农药化肥,是难得的有机产品。河源村的村民缺少通往外界的桥梁,电子商务也许是最方便的可行之径。

2015年10月14日,国务院总理李克强主持召开国务院常务会议,决定完善农村及偏远地区宽带电信普遍服务补偿机制,缩小城乡数字鸿沟;部署加快发展农村电商,通过壮大新业态促消费惠民生;确定促进快递业发展的措施,培育现代服务业新增长点。《2017年度农村电商发展报告》(下文简称《报告》)对2017年农村电商行业发展概况进行了数据汇总。报告显示,2017年中国农村地区实现网络零售额12448.8亿元,同比增长39.1%,全国832个国家级贫困县实现网络零售额1207.9亿元,同比增长52.1%。

尽管2017年中国农村电子商务取得了很大发展,但是制约农村发展电子商务的硬件条件跟农村的实际需求还有很大的差距。《报告》显示,2016年仅有25.1%的村有电子商务配送站点,农村电子商务配送站点覆盖率很低。近年农村地区基础设施明显改善,移动通信和互联网覆盖水平有明显提升,但在支持电子商务发展的基础设施方面仍存在重大短板。就河源村的情况来讲,尽管政府有专项资金为河源村设置了农村电子商务配送站,但是这几年配送站主要是从外往里配送农村的生活物资，而从里往外将农民的农产品运出去的渠道却没有打通。

制约河源村民利用电子商务平台销售农产品的主要限制是当地的道路。不论是村民们把农产品运到丽江或者剑川销售，还是商贩到村里来收购，交通成本都很高。河源村产的高山蜂蜜和白芸豆在丽江地区的认知度是比较高的。来河源村收购蜂蜜，一斤要100元人民币，正常年景里一个蜂箱可以产4~5斤蜜。目前，河源村的蜜蜂养殖户最多的有100箱，少的也有20箱。村支书杨阿云告诉我，有位农业专家把他们的蜂蜜拿去做了化验，各项指标在中国都是领先的，他说如果以后在网上卖蜂蜜，至少可以卖到200块一斤。

河源村的村支书杨阿云对未来充满信心，他认为只要路通了，其他就都好办了。尽管河源村通过发展电子商务来销售农产品的道路上还有很多障碍，比如农产品的质量认证、网上的销售人才，等等。在网络技术铺天盖地的时代，相信河源村的有机农产品一定会帮助河源人走向富裕。

附　录

访谈录音

一 河源村问卷编号 001

调查员（女）：户主的姓名是？

甲（女）：YDM

调查员：您这里是建档立卡户吗？

甲：不太清楚。

调查员：好像不是建档立卡户。

调查员：现在是 12 点 11 分。

调查员：户主的文化程度？

甲：小学。

调查员：你们这里是白族吗？

甲：我们家是汉族，但我妈妈是白族。

调查员：那户主是？

甲：汉族

阎立志的文化程度是文盲；杨志雄的文化程度是大专，白族，未婚；杨志伟是初中，白族，已婚。他们都是普通村民。

调查员：当前身体状况？

乙（村干部，女）：都是健康。XXX 的手指残疾。

调查员：今年参加过体检吗？

乙：都没有。

他们都是纯劳动力。

他们一年四季都在家。其中有一个 6 个月以上在外面。

务工状况：前面两个是半务工半劳作，在县外省内务工。

务工时间：其中一个 6 个月以上，其余 6 个月以下。

务工收入：主要带回家。

医疗保险：都是新农合。

养老保险：买的都是城乡居民基本养老保险。

户籍类型：农业类型。

调查员：对住房状况满意吗？

乙：农村里就这样，基本满意。

调查员：有几处住房？

乙：就这一处。

调查员：住房是自有的吗？

乙：是。

调查员：哪一年建造的？

乙：1991 年。

调查员：大概花费多少？

乙：记不清了。但是农村建房至少是七八万元，全部装修完需要十多万。住房都是自家人用。

住房类型是楼房。住房状况良好。

住房材料是：砖瓦。

建筑面积：大概 180 平方米。

房屋主要的取暖设施：柴火、炉子。

沐浴设施：太阳能。

没有宽带。

离硬化公路的距离：在家门口。公路是泥土路。

最主要的饮用水：自来水，有塑料管供到家里面。

调查员：有没有存在缺水或断水的情况？一般多长时间？

乙：干旱的情况下会有缺水和断水的情况。时间根据干旱的时间，大概几个月，有时两个月。

你们做饭主要用什么：柴火。

厕所类型：传统的旱厕。

生活垃圾处理：定点堆放。

污水排放：院外沟渠。

调查员：一般工资性收入是多少？

乙：他的大儿子每月两千多一点。其他三个人是找副业，有工程的前提下是两三千、三四千元。一年家庭总收入共（2000+3000×3）×12。约为132000元。

调查员：农业经营收入有多少？

乙：应该是0，玉米等都不卖，都是自家用自家吃。

调查员：支出呢？

乙：化肥有一点，不多就三四百元。

调查员：非农业经营收入？支出？

乙：做工程的那个可能一年净赚5万。XXX

财产性收入：没有。

低保金收入：没有。

赡养性收入：没有。

养老金收入：没有。

报销医疗费：2016年、今年没有。

礼金收入：没有。

补贴性收入：一般是农业补贴和生态补贴。一年大概（1200元+1400元）为2600元补贴。

调查员：对今年的收入满意吗？

乙：还可以。

调查员：今年一年的支出有多少？

乙：食品——米要买够700斤左右才够吃，现在米要2、3元一斤，也就两三千元。此外还有肉。因此共4000多元。

今年医疗支出：没有。

教育支出：没有。

养老保险：一个人100元，共400元。

合作医疗：一个人150元，共600元。

礼金支出：两三千元是要有的。这几个月送的比较多，七八月也就没有了。大概按3500元算吧。

彩色电视机：有一台。

空调：没有。

洗衣机：有一台。

冰箱：一台。

电脑：没有。

手机：4部，四部都可以联网。无固定电话。

摩托车：无。面包车有一辆。拖拉机有一辆。

种田用的其他机械：没有。

去年年底的存款：不清楚。没有贷款。

调查员：对现在的生活满意吗？幸福吗？

乙：非常满意，那肯定幸福了。

调查员：现在与五年前相比如何？

乙：原来很差，现在好很多了。

调查员：五年后感觉会怎样？

乙：好吧。

调查员：与亲朋好友相比生活怎么样？

乙：现在好很多了。

调查员：对周围的亲朋满意吗？

乙：满意。

调查员：有没有存在什么污染问题？

乙：污染没有，咱们这儿干净得很。

调查员：家中不健康的人数？

乙：他（杨志伟）的手是大拇指和食指不好活动。独立能力可以，就是肢体残疾。2014年和2015年治疗了两次，2016年没有再治疗，自行买药。去年没有治疗就没有报销，自费可能花费一两千元。洗衣不方便，走路方便；有一些疼痛；他肯定焦虑；没有7周岁以下的儿童。

调查员：2016年有没有什么意外事故？

乙：2016年没有，但2012年出了一次特大交通事故，还死了一个人。

调查员：有没有出现过遭抢劫的事情？

乙：没有。

调查员：有没有因自然灾害造成的损失？

乙：有，今年有，庄稼损失，他家的玉米被（水）冲了一亩多，损失应该是1500元左右。

调查员：家里有没有什么安全措施？如防盗门？

乙：没有防盗门，只有大门。

调查员：您觉得天黑一个人走路安全吗？

乙：咱们这些地方安全，不像城里那样。

调查员：去年有没有挨饿的情况？

乙：没有。

调查员：以后养老主要靠什么？

乙：子女、养老金、个人积蓄。

调查员：觉得养老有保障吗？

乙：说不清楚。

调查员：耕地面积，类型？

乙：他家6亩多一点，是旱地；没有灌溉地；没有园地；林地两三百亩；没有经营性的面积；没有牧草地。

调查员：去年有没有遭受过自然灾害？

乙：去年是干旱，今年是洪涝。庄稼直接就晒死了，损失千把块钱，反正田里的收入就低。

常住人口：三个

调查员：户主一年劳动时间？

乙：300天都在劳动，像咱们农村不干活的就是去办事，就是做客那几天和逢年过节那几天才休息。户主的妻子也是一样。

调查员：大部分时间都是在务农吗？

乙：不是，刚才说的在打零工，200天在打零工，100天务农。

调查员：有没有自营本地非农业？

乙：只有打零工和务农。

调查员：乡镇内固定工资性就业？

乙：没有。

调查员：农业收入有多少，就户主来说？

乙：两个人加起来就是3000元左右。

调查员：那非农业收入？

乙：一个人3000元。

调查员：去年主要的工作？

乙：打零工比较多。

调查员：工资是按天算吗？

乙：不一定，有的是承包工程，有的是受雇。

调查员：一个月工作几天？

乙：大概25天。

调查员：一天的工资有多少？

乙：120元。

调查员：都有养老保险吗？

乙：是。

调查员：去打工有没有拖欠工资的情况，一般多长时间？

乙：有，一两年的都有。拖欠金额有几万。一年也会有七八万。

调查员：现在已经还清了吗？

乙：没有。

调查员：最近一个星期大概工作几天？一天有8个小时吗？

乙：最近一个星期都在打工。有8个小时。

是党员吗：不是。

家里人有没有党员：没有。

是否参加过村委会投票：参加过。

是否参加过村里的会议：参加过。

有没有文化、娱乐、兴趣组织：娱乐有，没有其他组织。

调查员：娱乐活动多久一次。

乙：一年一次。

调查员：去年夫妻俩分离的时间有多久？

乙：没有。

调查员：遇大事夫妻俩是如何商量的？

乙：互相商量。

调查员：跟父母多长时间联系一次？子女呢？

乙：经常联系，每天；和子女也是一样的。

调查员：一般临时有事最先找谁？

乙：直系亲属等一二三四都会找。

调查员：一般要借钱先找谁借？

乙：亲戚朋友。

调查员：亲戚朋友中有没有村干部？

乙：有，我就是。

调查员：家里忙吗？

乙：忙。

调查员：工作外一般干什么？

乙：做家务，照顾小孩，两个小孩。

调查员：看电视看多长时间？

乙：一天至少 3 小时，一周 21 小时。

调查员：每天的睡觉时间？

乙：七八个小时。

调查员：干活时间最近一周？

乙：56 小时。

调查员：你认为本省安排的各种扶贫项目是否合理？

乙：比较合理。

调查员：对扶贫效果打分。

乙：还可以。

调查员：有没有享受过扶贫政策？

乙：是，危房改造。

调查员：是否参加过技能培训？

乙：没有。

调查员：发展生产主要是？开始的时间？

乙：种植业。咱们农民一直都是。

调查员：是自筹资金吗？

乙：农业化肥和劳力，六七百元吧。

调查员：对农业满意吗？

乙：满意。

调查员：是否领取过低保、救灾等补助？

乙：2016 年没有。

二 河源村问卷编号 003

调查员（女）：户主是杨洁忠吧？

村民4（女）：是的。

调查员：家里面共几口人？

村民4：6口人。（5）

调查员：杨洁忠是您家儿子？

村民4：是。

调查员：其他人都叫什么？

村民4：杨金成，两个孙子杨家容、杨家俇。儿子媳妇跑了，两个离婚了，有个打工几年不回来了。现在也没有再找。

调查员：孩子在上学吗？

村民4：是的。大的六年级，小的二年级。

村民4：奶奶您上过学吗？爷爷呢？

调查员：我上过一年级。他上到初中，几年级就不清楚了。

调查员：杨洁忠呢？

村民4：小学。

调查员：你们家是什么族？

村民4：都是汉族。XXXX是普米族，他家有汉族。

调查员：家里有当老师、村干部的人吗，还是都是农民？

村民4：没有。

调查员：家里人有人生病吗？

村民4：去年我摔了，XXX脚，拍片子都照了好几张。今年好多了。

调查员：体检了吗？

村民4：今年想检查一次，上面XXXX。

调查员：是女性全部检查还是全家都在检查？

村民4：没有，60岁以上的妇科检查。

调查员：他们几个是不去检查吗？

村民4：嗯。

调查员：您的儿子会那种砌墙等技术活吗？

村民4：他没有，粉刷、打地皮那些会一点。

调查员：爷爷还能劳动吗？

村民4：他差不多70了，XXXX。

调查员：全家人都在家吗？

村民4：都在家。家里劳动力就一个儿子，剩下两个读书，我们俩XXXX。

调查员：新农村医疗参加了吗？

村民4：全家都有。

调查员：孩子在校读书要交保险吗？

村民4：交的，交保险100元，XXX50元，别的不用交。

调查员：户籍是？

村民4：农业户。

调查员：户口是全部人都在上面？

村民4：是。

调查员：对当前住的房子满意吗？

村民4：满意，上面给我们的。（好像您家是搬迁的那个，本来是在那边）

调查员：这个房子什么时候建的？

村民4：这个今年才盖的。那边已经二三十年了，今年全部拆了又重新建的。XXXX十多年了，快20多年；老房子30多年，今年是重新拆了重新搞。上面给我们贫困户搞房子……。

调查员：建房花费多少钱？

村民4：现在新建的房子是三四万，XXXXX也得一两万。

调查员：贷款了吗？

村民4：没有贷款，给别人家借的。借的他们姑姑家的。

调查员：房子的面积？（大概四五十平方米）

村民4：不清楚。

调查员：太阳能是政府给的吗？

村民4：自己买自己弄的。

调查员：这边离九河乡多远？

村民4：10公里吧。XXXXX30多公里。

调查员：水是山上的水吗？

村民4：是山上流下来的。自来水。

调查员：有管道吗？

村民4：没有。山上水管连下来，直接拉到家里面。

调查员：家里水是每天都有吗？

村民4：每天都有是这两年，前几年……。

调查员：做饭是烧柴多是吗？

村民4：烧柴多，XXXX电饭煲煮。

调查员：厕所？

村民4：是旱厕。

调查员：垃圾怎么处理？

村民4：XXX有个垃圾池。

调查员：收入一年大概有多少？

村民4：不清楚。

调查员：低保有吗？

村民4：没有。

调查员：一年领多少钱养老？

村民4：年前才能领，一个人1100元，一次性拿完。

调查员：您觉得家里收入与村里其他家相比怎样？

村民4：低一点，政府也只是……。只有两三个人才能XXXX。

调查员：对收入满意吗？

村民4：满意吧。

调查员：今年医疗花了多少？

村民4：这个不清楚。去年我是受伤花了四千几，XXX500多，XXXX是400多。丽江可以找，XXXXX。

调查员：孙子上学的费用是多少？生活费？

村民4：生活费不给，生活费学校给。其他也不交，就是保险和XXX。一天他们开销也就一两块。

调查员：养老保险是不想交了吗？

村民4：不想交，交儿子一个。

调查员：合作医疗？

村民4：今年是150元，五个人就750元。XXX今年交80元，我们贫困户XXXX。

调查员：今年礼金？

村民 4：一两千吧。

彩电：有。

洗衣机：有。

冰箱：没有。

电脑：没有。

固定电话：没有。

手机：两个。不知道什么机型。

摩托车、三轮车等：没有。

调查员：家里存款有多少？

村民 4：没有存款。

调查员：贷款呢？

村民 4：没有贷款，建房子借的钱有 3000 元，还没有还。他家姑姑帮忙垫出来。

调查员：其他借钱的给过吗？

村民 4：XXX，他家大嫂借了一万。

调查员：现在生活与以前比怎么样？

村民 4：比以前好一点。

调查员：与五年前相比怎样？

村民 4：好很多。前两年治病，儿媳妇出去打工就……。

调查员：居住环境满意吗？（没有什么污染）

调查员：家里面身体谁不太好？

村民 4：他老爷爷XXX。我是去年跌了一跤。（两个人）

调查员：爷爷是哪里不舒服？

村民4：他是拉牛，牛把他XXXX，没有别的什么病。

调查员：有住院吗？

村民4：没有。

调查员：不住院是不报销吗？

村民4：是的。报销XXXX，乡镇的诊所可以报销。

调查员：影响日常行动吗？

村民4：XXXX可以做饭。

调查员：小孙子是二年级吗？

村民4：是，9岁了。

调查员：遭受过意外事故吗？

村民4：没有。今年没有家人受伤。

调查员：有遇到过被抢的情况吗？

村民4：没有。

调查员：有受到自然灾害吗？

村民4：XXXXX。我们家地没有被冲走，其他家有。

调查员：家里养狗了吗？

村民4：养了一只。

调查员：晚上一个人有不敢走的情况吗？

村民4：没有。

调查员：担心养老问题吗？

村民4：不会吧。

调查员：旱地有多少？

村民4：不清楚，三四亩吧。没有水田。其他有什么地也不清楚。

调查员：去年田里的农产品怎么处理的？

村民4：卖了一点大白豆。XXXX卖不成，我们地少。

调查员：是有人来家里收吗？

村民4：是的。

调查员：卖了大概多少？

村民4：今年卖了1300元。今年只是6.5元一公斤，便宜。那是天天下雨哪像今年这样。

调查员：家里有党员吗？

村民4：没有。

调查员：村委会选举都参加了吗

村民4：参加了

调查员：村委会开会参加吗？

村民4：那是没有。XXXX。

调查员：参加合作社了吗？

村民4：没有。XXXX。

调查员：亲戚里有当干部的吗？

村民4：没有。

调查员：老人喜欢XXXX。

村民4：有的，有吃的，我们一个村都没有过一头

调查员：大家都不参加活动？

村民4：嗯。没有组织活动。

调查员：什么时候看电视？看多长时间？

村民4：晚上看到9点或10点，大概一两个小时。

调查员：早上几点起床？

村民4：七八点起床。

调查员：中午睡觉吗？

村民4：白天没有睡过。

调查员：干活时间？

村民4：干到晚上四五点。

调查员：学校就在村委会那边吗？

村民4：是的。大的6年级，小的2年级。学校条件还可以。

调查员：孙子学习怎么样？

村民4：小的差不多，大的就XXXX。孙子们每天晚上回家。

调查员：建档立卡是今年还是去年？

村民4：今年。

调查员：他们都会过来调查吗？

村民4：嗯。

三 河源村问卷编号004

调查员（女）：住的房子是哪年盖的？

村民1（男）：2015年8月，花了9万多元。

调查员：这边到大路硬化只有这一小节吗？

村民1：只有这一小节。

调查员：到九河那边有多少公里？

村民1：老路是14公里。

调查员：水是？埋管道了吗？

村民1：自来水。这边一般都没有。

调查员：饮水困难有吗？

村民1：今年是有，一年有一年没有。

调查员：家里做饭是用什么？

村民1：烧柴。

调查员：垃圾处理有垃圾池吗？

村民1：还没有。

调查员：垃圾是怎么处理的？

村民1：应该是集体堆放。因为XXXXX。

调查员：房屋面积是多少？

村民1：400平方米。

电视：有。

空调：没有。

洗衣机：有。

手机：有。

摩托车、自行车、三轮车：没有。

调查员：去年年底存款有多少？

村民1：存不起，全部用在修房子了，没有存款。

调查员：借钱呢？

村民1：借钱还没借，因为村寨银行还没轮到我借款。

调查员：有没有向个人借？

村民1：向亲戚借了4万多。（用于修房子）

调查员：对现在的生活状态满意吗？

村民1：满意。

调查员：幸福满意度是？

村民1：可以。

调查员：与五年前比生活条件怎么样？

村民1：好一些。

调查员：与五年前相比家里的生活状况有变化吗？

村民1：应该好一些，因为孩子都毕业了，以后就开始好一些。

调查员：与亲朋好友比家里情况怎样？

村民1：差不多。

调查员：跟本村大多数比，家里情况怎样？

村民1：基本相差不大。

调查员：对周围居住环境满意吗？

村民1：居住环境满意，但是对煤矿不满意。

调查员：对煤矿有哪些不满意？

村民1：有空气污染，水也有污染。

调查员：污染程度？

村民1：基本是中等，因为下面的XXX水溢出来牲口吃了，就瘦了肥不起来。没有噪声污染。

调查员：家里人有受过意外伤害吗？

村民1：最近几年没有。

调查员：家里有没有被抢过或偷过？

村民1：没有。

调查员：遭受过自然灾害吗？

村民1：没有。

调查员：家里有防盗门吗？

村民1：没有。

调查员：家里养狗了吗？

村民1：养了。

调查员：晚上这里安全吗？一个人走路。

村民1：应该没问题。

调查员：有没有挨饿的情况？

村民1：没有。

调查员：未来养老主要靠什么？

村民1：养老金。（养老金一年1000多元）

调查员：您认为养老有保障吗？

村民1：不清楚。

调查员：劳动与就业？

村民1：就业没有。

调查员：是不是党员？家里有没有党员？

村民1：我就是党员，就我一个。

调查员：村委会投票选举家里人都去参加了吗？

村民1：参加了。

调查员：村委会召开的会议都参加吗？

村民1：我自己去。

调查员：村组里开会都谁去参加？

村民1：我参加。

调查员：乡人大代表参加过吗？

村民1：没有。

调查员：合作社参加了吗？

村民1：参加了。

调查员：合作社的活动什么时候有一次？

村民1：没有。

调查员：其他组织有吗？

村民1：没有，只是过年过节才会有。

调查员：夫妻俩都在家里吗？

村民1：都在。

调查员：夫妻双方相互信任吗？

村民1：信任。

调查员：有事会相互商量吗？

村民1：商量，全部的事都会商量。

调查员：对现在的婚姻状况满意吗？

村民1：嗯。

调查员：老父亲与您住一起吗？

村民1：是。

调查员：子女多久联系一次？

村民1：一般1~2天。

调查员：一般有事找谁？

村民1：邻居、亲朋、村干部。

调查员：借钱一般找谁借？

村民1：亲戚、兄弟姐妹。

调查员：亲戚中有没有村干部、乡镇干部？

村民1：我弟弟就是村组长。

调查员：家里忙吗？

村民1：一般。

调查员：不忙时干什么？

村民1：没有不忙的时候，在农村就没有不忙的。

调查员：一天看电视多长时间？

村民1：大概两个小时。

调查员：睡觉有多长时间？

村民1：8个小时左右。

调查员：一天干活时间是多少？

村民1：将近10个小时。

调查员：有未成年的孩子吗？

村民1：没有。两个都十八九岁了。

调查员：建档立卡户是什么时候定的？

村民1：说是2015年，但实际是2016年才搞。

四 河源村问卷编号005

调查员（女）：这个房子后面修了吗？

村民2（女）：还没修。

调查员：对现在房子的状况满意吗？

村民2：我们是要求房子改造一下，异地搬迁那个。但是他们说2016年没有了，要等到2017年。

调查员：那您对当前的状况满意吗？

村民2：一般。

调查员：您还记得房子什么时候盖的吗？

村民2：不清楚，我大嫂说1995或1996年，我们结婚以前就已经盖好了。

调查员：那时候盖房子花了多少钱？

村民2：那时候便宜，开工钱就是很便宜，才5元或10元，可能一两万吧。

现在住的房子类型：楼房。

调查员： 那个房子是危房吗？

村民2： 对，有一点，就是那个地皮开裂了。政府把它认定为危房所以要异地搬迁。

调查员： 那个是瓦木结构吗？

村民2： 是。

调查员： 面积？

村民2： 不清楚。

太阳能：有。

厕所：有。

彩电：一台。

空调：没有。

冰箱：有。

洗衣机：有。

电脑：没有。

手机：有，是智能机。

摩托车、三轮车有吗：没有摩托车。

播种机等有吗：没有，我们家只有犁地的牛。

调查员： 有借钱或贷款吗？

村民2： 都没有（明年贷款可能就要借了，现在开工钱太贵）

调查员： 对现在生活状态满意吗？

村民2： 一般。

调查员： 觉得幸福吗？

村民2： 也可以。

调查员：与五年前相比家里有没有变好？

村民2：差不多。

调查员：觉得5年后会不会比现在好？

村民2：我觉得5年后我家的情况会更艰苦，因为5年后我家的两个孩子可能要读大学，现在一个读高中一个读初中，压力很大。

调查员：与周围的亲戚相比家里生活怎么样？

村民2：差不多吧，与那些好的比还差一点。

调查员：对周围的环境满意吗？

村民2：满意。对周围不满意的是这个矿厂，他们道子是从这里挖过去的，我们的水源在那座山上，他们的道子就从水源这边这样插过去，估计几年后我们的水会漏下去我们就喝不到水了，现在最大的问题就是这个。

调查员：2016年有没有人去买药治疗的？

村民2：没有，只是感冒的小毛病。

调查员：家里人有没有生病的？

村民2：没有。

调查员：家里有被偷过吗？

村民2：没有。

自然灾害：没有。

养狗：有。（可能有两只）

调查员：晚上敢一个人走路吗？

村民2：敢，没什么可怕的，我们这里是很安全的。

调查员：有吃不饱的情况吗？

村民2：没有，现在是不愁吃穿，就是愁经济，收入太少。

调查员：以后老了靠什么养老？

村民2：靠子女。

调查员：您觉得养老有保障吗？

村民2：说不定。我有两个姑娘，可能靠得住吧，儿子就不好说了。

调查员：家里有党员吗？

村民2：没有。

调查员：村委会的投票去参加过吗？

村民2：参加了，我家两个孩子还没投票，就三个大人，我、婆婆和我老公。

调查员：村委会召开的会议参加了吗？

村民2：我老公参加。

调查员：村民组召开的会议参加了吗？

村民2：我老公去。

调查员：有乡人大代表吗？

村民2：没有。

调查员：你们一家没有打工的吧？

村民2：没有，天天在一起。

调查员：您和老公关系好吗？

村民2：好吧。

调查员：什么事都相互商量吗？

村民2：商量。

调查员：对婚姻状况满意吗？

村民2：满不满意也就现在这样了。以前我们都是父母包办，说让你就嫁就嫁过去了，我们就不会选了，我们就得听从父母。不像现在的年轻人，不许就会跑出去打工去。

调查员：您现在是和公公婆婆住一块吗？

村民2：公公不在，和婆婆住一块。

调查员：孩子上学多长时间打电话回来？

村民2：一个星期，因为每周就会回来。

调查员：平时家里忙吗？

村民2：一年四季都在忙。

调查员：有看电视时间吗？看多长时间？

村民2：晚饭过后就会看会儿电视。每天看一两个或三四个小时。

调查员：睡觉多长时间？

村民2：8个小时吧。

调查员：其他时间都在劳动吗？

村民2：一般从八九点到晚上七八点，差不多10个小时。

调查员：两个孩子成年了吗？

村民2：大的那个刚刚18岁了。

调查员：小的上几年级了？

村民2：初三。大的高一。

调查员：您认为学校的条件好吗？

村民2：差不多。

调查员：她学习状况怎样？

村民2：一般。初中是在九河上，高中在丽江，两个都住校了。

调查员：一年住宿费这些用交吗？交多少？

村民2：高中开学交了1200元，小的书费等只是交了100多元。

调查员：给他们的生活费大概多少钱？

村民2：初中那个，每年上面补助有650元，自己花的是每个星期100元，丽江那个可能是150元。

五　河源村问卷编号006

调查员：住房改造过吗？

村民006：住房室内改造过一次。

调查员：改造满意吗

村民006：满意是满意，但是还需XXXX。

调查员：房子什么时候建的？花了多少钱？

村民006：2007年建的。比较便宜，10万左右吧。

太阳能：有。

房子的结构：土木结构。

调查员：房子改建后状况更好了吗？

村民006：老房子重新改建而已，一般吧。不是政府认定的危房。异地搬迁。

电视：有。

空调：没有。

洗衣机：有一台。

冰箱：没有。

手机：有，是智能机。

摩托车、三轮车等：都没有。

调查员：借钱了吗？

村民3：村寨银行里贷了点。5000元。

调查员：钱是用来干什么？

村民3：村寨银行一般用来发展，XXXXX。利率是4%左右。

调查员：对生活状况满意吗？

村民3：比较满意。

调查员：和媳妇的感情如何？

村民3：一般。

调查员：跟五年前相比生活怎样？

村民3：好一点吧。

调查员：您觉得五年后家里情况会更好吗？

村民3：应该会好点，两个娃娃毕业了，现在还在读书。

调查员：和其他人比家里生活怎样？

村民3：和我们村里相比差一点。

调查员：对周边的环境满意吗？

村民3：就是这个煤矿，影响水源、空气。噪声是没有。

调查员：污染程度怎样？

村民3：XXXX，一般。

调查员：今年有人生病吗？

村民3：今年有，但是没有住院。我这几天也天天跑门诊，XXXXX，十几年了。往门诊里跑了 3 次，花了 3000 元左右，不报销。到大理州医院拍片子。

调查员：家里人今年出过事情吗？

村民 3：没有。

调查员：家里有没有被偷过？

村民 3：没有。

调查员：有没有遭受过自然灾害？

村民 3：没有。

调查员：家里养狗吗？

村民 3：没有。

调查员：晚上一个人走安全吗？

村民 3：在我们山区应该是安全的。

调查员：吃不饱的情况有吗？

村民 3：没有。

调查员：您认为老了以后靠什么？

村民 3：靠子女吧，应该靠得住。

调查员：家里有人是党员吗？

村民 3：我就是党员。

调查员：村委会投票是全家人参与吗？

村民 3：全家都去。

调查员：村委会会议谁去参加？

村民 3：我参加。

调查员：村民小组会议谁去参加？

村民 3：我去。

调查员：乡里人大代表改选？

村民3：没有。

调查员：有没有参加合作社？

村民3：猪苓就是和合作社。

调查员：您和您妻子都在家吗？有出去打工吗？

村民3：都在家。

调查员：夫妻俩关系怎样？互相商量事情吗？

村民3：可以，商量。

调查员：对现在婚姻满意吗？

村民3：嗯。

调查员：和父母住在一起吗？

村民3：和母亲住在一起。

调查员：孩子多长时间回来一次？

村民3：一个学期。县城里面有个，在保山有个在读大学。

调查员：他们多长时间给家里打一次电话？

村民3：几乎是三个星期左右。

调查员：如果需要借钱向谁借？

村民3：向亲戚朋友。

调查员：这几天忙吗？

村民3：这几天不怎么忙。

调查员：不做农活时干什么？

村民3：看电视、做家务、休息。

调查员：有学习培训吗？

村民3：前个月有个养猪技能的培训。

调查员：一天看多长时间电视？

村民3：2个小时左右。

调查员：睡觉多长时间？

村民3：8个小时左右。

调查员：一天干活多长时间？

村民3：几乎10个小时。

调查员：孩子有未成年的吗？

村民3：高中那个没有18岁，大学那个成年了，19岁了。

调查员：培训养猪那个多长时间？

村民3：一个星期。

调查员：有证书吗？

村民3：有一个结业证。

调查员：给补助吗？

村民3：他们说一个人1000元左右，最后XXXXX，拿100元。自己没有掏钱。

调查员：培训后养猪吗？

村民3：养了一只母猪。

调查员：猪苓什么时候开始种的？

村民3：2014年。

调查员：其他还种什么？

村民3：其他的被水冲了。

调查员：自己投了多少钱？

村民3：竹林自己入股，入了1000元。

调查员：被冲了的呢？

村民3：自己垫了8000左右。

调查员：被冲了的给扶持了吗？

村民 3：今年精准扶贫和 XXXX 扶贫 8000 元，就是他们扶持的。

调查员：效果怎么样？

村民 3：还是比较满意的。

调查员：异地搬迁 2016 年没有了吧？

村民 3：没有。

参考文献

金璟、李永前、李雄平、张毅:《云南省农村扶贫开发模式研究》,西南财经大学出版社,2014。

唐珂、闵庆文、窦鹏辉:《美丽乡村建设理论与实践》,中国环境出版社,2015。

汪三贵、杨龙、张伟宾、王瑜等:《扶贫开发与区域发展:我国特困地区的贫困与扶贫策略研究》,经济科学出版社,2017。

杨秋宝:《2020:中国消除农村贫困:全面建成小康社会的精准扶贫、脱贫攻坚研究》,北京古籍出版社,2017。

中共中央党史和文献研究院:《习近平扶贫论述摘编》,中央文献出版社,2018。

陆汉文、黄承伟、刘晓山等:《中国精准扶贫发展报告(2018)》,社会科学文献出版社,2018。

中共中央组织部干部教育局、国务院扶贫办行政人事司、国家行政学院教务部:《精准扶贫精准脱贫:打赢脱贫攻坚战辅导读本》,党建读物出版社,2016。

方堃:《民族地区精准扶贫难点问题研究》,科学出版社,2018。

胡兴东、杨林:《中国扶贫模式研究》,人民出版社,2018。

曾天山:《教育扶贫的力量》,教育科学出版社,2018。

曹锦清、张乐天:《传统乡村的社会文化特征:人情与关系网——一个浙北村落的微观考察与透视》,《探索与争鸣》1992年第2期。

孟强:《莫让"风俗贫困"成精准扶贫拦路虎》,《中国老区建设》2016年第8期。

刘小珉:《多维贫困视角下的民族地区精准扶贫——基于CHES2011数据的分析》,《民族研究》2017年第1期。

左雯敏:《横渠村:乡土社会中的农民合作》,《社会发展研究》2017年第1期。

林聚任、马光川:《改革开放四十年来的中国村庄的发展与变迁》,《社会发展研究》2018年第2期。

王志丹:《贫困村发展中的村民参与研究》,华中师范大学博士学位论文,2012。

陈海鹏:《云南省贫困村互助资金发展问题及对策》,《当代经济》2012年第7期。

许远旺、卢璐:《从政府主导到参与式发展:中国农村社区建设的路径选择》,《中州学刊》2011年第1期。

徐顽强、段萱:《国家治理体系中"共管共治"的意蕴与路径》,《新疆师范大学学报》(哲学社会科学版)2014年第3期。

张晨、李天祥、曹芹:《"参与式发展"研究综述》,《农村经济与科技》2010年第5期。

黄磊、胡彬、刘桂发:《参与式发展理论：一个文献综述》,《大众科技》2011 第 11 期。

章立明:《参与式发展的迷思——云南省三个少数民族社区项目的个案研究》,《贵州民族研究》2006 年第 6 期。

后　记

本书付梓之际十分感谢云南省丽江市玉龙县、九河乡以及河源村的所有领导、扶贫干部和村民。感谢他们热情接纳了我，为笔者的调研提供一切便利条件。

感谢玉龙县县委副书记和丽军。和书记很热情，在我初次去河源时，派了县里仅有的公车送我上山，至今难忘和书记向我介绍玉龙县的扶贫工作时坚毅的神情和低沉的男中音。

感谢玉龙县县委办公室的和晓英主任。她是位温柔又优雅的女干部，感谢她耐心细致帮我安排调研需要的会谈。

感谢九河乡党委书记景灿春。他是一位勤勤恳恳的基层干部，我仍然记得景书记风尘仆仆从昆明出差回来，一定要赶在我上飞机之前跟我聊一下九河乡的脱贫工作。在我收集的河源村《工作日志》中，他到河源村指导精准扶贫工作的记录有几十次。景灿春还获得2018年云南省的"五一劳动奖章"，云南省扶贫开发领导小组授予的"扶贫先进工作者"称号，以表彰他在云南省脱贫攻坚工作中的突出事迹。我认为这是实至名归。本书成书之际，他已调任玉龙县政法委书记，兼任九河乡党委书记。

感谢九河乡乡长杨叁山。我知道他是不敢在丽江坐出租车的，因为经常会碰到他以前教过的学生而不收他的车钱（河源村很多村民在丽江开出租车）。杨乡长曾经在河源小学当过多年老师，他带我走访村民的时候，仍然可以感到村民对他的信任。

感谢九河乡武装部部长和志强。他做过20年的村委会主任，有着丰富的农村工作经验。在精准扶贫动态管理的时候，有位家境尚可的妇女前来村委会哭诉，要当建档立卡户，和部长的回答令我至今难忘："如果有思想贫困户，我可以给你。"

感谢河源村的驻村工作队员：张全福、洪学文、张秋菊等所有队员。张全福的腿不好，他陪我爬到老君山最高的山顶看河源村的全貌。当我回到北京，他还帮我做完了张寿久老人的访谈，并将访谈整理以后发给我。

感谢河源村村委会主任李丽平、河源村支书杨志云、河源村监委会主任徐国花，河源村前妇女主任和大姐。感谢他们对我这样一个陌生人的信任，向我敞开心扉。感谢徐大姐、和大姐，在我初次调研时河源村委会正在装修，两位大姐把自己家的房子腾出来让我们住。至今仍然记得徐大姐开车将我们从河源村委会送到大理州剑川县的长途汽车站，短短的11公里路，竟然开了40分钟。回到北京我才发现我竟然把村委会的钥匙带回来了，徐大姐说："你带走的是小钥匙，带给我们脱贫的是大钥匙。"我被她的智慧所折服。河源村这两位妇女干部在工作中所体现出来的女性特有的韧性和柔性是值得我学习的。

感谢河源小学的杨胜军校长，河源村民李玉坤等众乡亲。

感谢丽江健康与环境研究中心的邓仪、丁平君、和青、耿得安以及在调研过程中给予帮助的众多志愿者们。

感谢中国社会科学院社会学所所长陈光金研究员，他在百忙之中对调研报告的撰写提出许多宝贵意见，帮我从缤纷炫目的调研材料中理出思路，当然文责自负。

感谢中国社会科学院科研局负责百村调研的所有领导和工作人员，以及边疆所负责协调该项目的同事，感谢王子豪副局长、檀学文、刁鹏飞、闫珺、田甜、曲海燕、高月，感谢他们为百村调研的付出，协调全国一百个村子的调研、写作和出版的工作量令人望而生畏，没有他们在背后事无巨细的支持，调研工作不可能进行得如此顺利。由衷地感谢这些默默无闻的幕后英雄。

罗 静

2019 年 12 月

图书在版编目(CIP)数据

精准扶贫精准脱贫百村调研．河源村卷：全民参与助力精准扶贫／罗静著．－－北京：社会科学文献出版社，2020.6
　ISBN 978-7-5201-5685-1

　Ⅰ.①精… Ⅱ.①罗… Ⅲ.①农村-扶贫-调查报告-玉龙县 Ⅳ.①F323.8

中国版本图书馆CIP数据核字（2019）第216363号

·精准扶贫精准脱贫百村调研丛书·
精准扶贫精准脱贫百村调研·河源村卷
　　——全民参与助力精准扶贫

著　　者／罗　静

出 版 人／谢寿光
组稿编辑／邓泳红　陈　颖
责任编辑／王　展

出　　版／社会科学文献出版社·皮书出版分社（010）59367127
　　　　　地址：北京市北三环中路甲29号院华龙大厦　邮编：100029
　　　　　网址：www.ssap.com.cn

发　　行／市场营销中心（010）59367081　59367083

印　　装／三河市尚艺印装有限公司

规　　格／开　本：787mm×1092mm　1/16
　　　　　印　张：15　字　数：145千字

版　　次／2020年6月第1版　2020年6月第1次印刷

书　　号／ISBN 978-7-5201-5685-1

定　　价／59.00元

本书如有印装质量问题，请与读者服务中心（010-59367028）联系

▲版权所有 翻印必究